読んで旅する
よんたび

フランスふらふら一人旅

モネの足跡をたどる旅

にしうら 染

大和書房

はじめに

「空も水面も睡蓮も、なんて鮮やかな色だろう。こんな風景が本当に存在するんだろうか」

昔から美術館でモネの絵を目にするたびにそう思っていました。

印象派の巨匠として知られる画家クロード・モネ。

モネが風景画を描いた場所がパリから列車でわずか1～2時間のノルマンディー地方に集中していること、そしてヴェトゥイユという村でかつて彼が住んでいた家が宿泊施設となっていることなどを知ったのは、モネを主人公にした漫画『モネのキッチン』を描いている時でした。それからは関連する書籍や、足を運んだ人の旅行記を読みながら「いつか自分も行ってみたい…！」という夢を膨らませていました。

そして、その夢を実行に移した２０１９年の９月。慣れないながらも列車の切符の予約方法や乗り方を調べ、ホテルを予約し、一人で訪れたノルマンディー地方。そこには、形を多少変えながらもモネが描いた風景が数多く残っていました。

「ああ、モネが描いた風景は存在するんだ。ここにモネがいたんだ」

オルセー美術館やオランジュリー美術館に展示されている名画の風景を、パリから少し足を延ばせば実際に見ることができるという驚き。そして、その光景を目にした時の押し寄せる感動を形に残したくて描いたのが、本書に収録された漫画です。前作『フランスふらふら一人旅』に続いて、こちらも文庫本の形でまとめていただくことができました。

モネや印象派の描いた風景が残るノルマンディー地方への旅を、一緒に楽しんでもらえれば幸いです。

にしうら　染

今回の旅について

こんにちは 漫画家の にしうら染と 申します
この度は本書を 手に取って くださり
ありがとう ございます！
旅のお供 コアリクイ ぬいぐるみ です
前作『フランス ふらふら一人旅』では 1ヶ月弱の 滞在のうち
パリでの生活や 美術館巡りを 中心に書きました
ここ！
本書は その滞在中に フランス北西部の ノルマンディー地方へ
3泊4日の 列車旅をした時の 旅行記になります
イギリス
パリ
ノルマンディー 地方
フランス
スペイン
ノルマンディーには 印象派の画家モネが 描いた景色が 数多く残っているので
モネと同じく 列車で移動し その景色を見る！ というのが旅の目的です

ヴェトゥイユではモネが実際に暮らした家に泊まり
モネの家や庭睡蓮の池が残るジヴェルニーや
連作を描いた大聖堂がそびえるルーアンの街を巡り
最後はモネの画家としての出発点となったル・アーヴルの海へ——
ちょいちょいトラブルもありましたが…
列車30分遅れ!?
旅の模様を楽しんでもらえたら嬉しいです
どうぞー

目次

登場人物

アリクイぬいぐるみ
今回の旅のお供
囃子屋さん不在時の
ツッコミ担当

囃子屋《はやしや》さん
ゲームとアリクイが
好きなにしうらの夫
今回は日本で留守番

にしうら 染（筆者）
旅と絵画好きの漫画家
人見知りのうっかり者

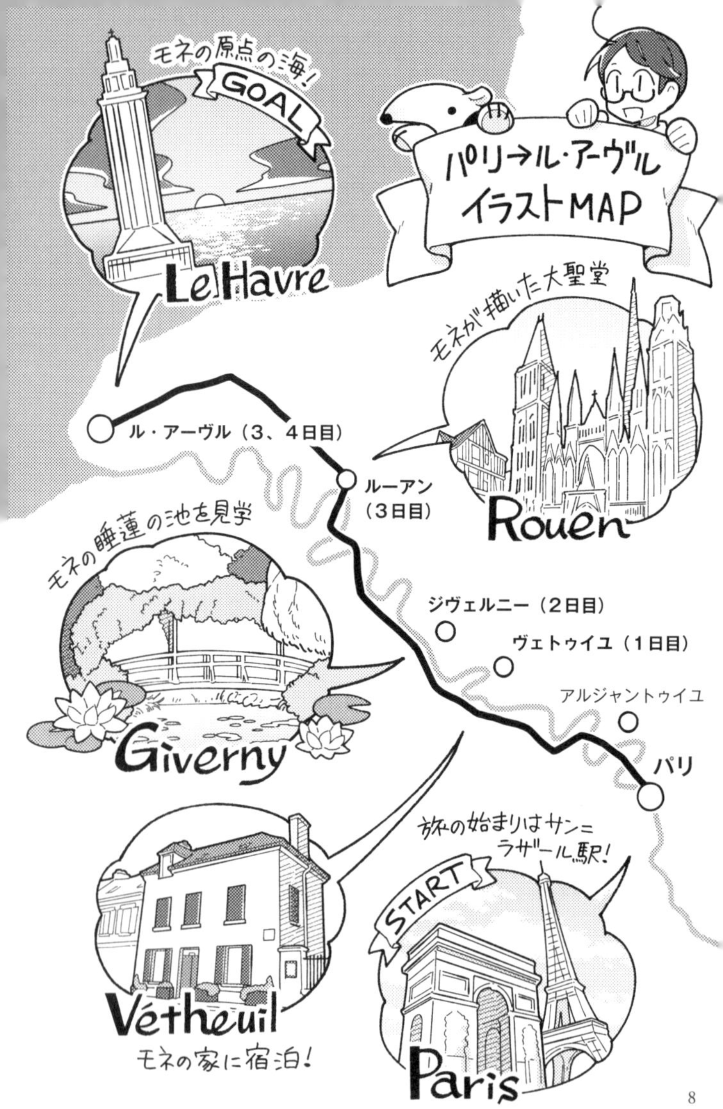
パリ→ル・アーヴル
イラストMAP
モネの原点の海!
GOAL
Le Havre
モネが描いた大聖堂
Rouen
ル・アーヴル（3、4日目）
ルーアン
（3日目）
モネの睡蓮の池を見学
Giverny
ジヴェルニー（2日目）
ヴェトゥイユ（1日目）
アルジャントゥイユ
パリ
旅の始まりはサン=ラザール駅!
START
Paris
Vétheuil
モネの家に宿泊!

モネの足跡をたどる旅　計画編

発端は
2019年の頭まで
描いていた
『モネのキッチン』※
という作品
フランスの画家
クロード・モネを
主人公に
彼の絵のモデルを
数多く務めた
妻のカミーユや
印象派仲間のシスレーに
ルノワールなども登場する
歴史グルメ漫画です

もともと
美術が好きで
大学で西洋美術史を
勉強していたので
資料読みや
取材も含め
とても楽しい
連載でした

※秋田書店から電子単行本全2巻発売中です

調べた中で特に
印象に残ったのが
モネの光や風景への
こだわり
例えば
2m半の巨大な油絵を
屋外で描きたくて
家の庭に穴を掘り
絵を滑車で上下させる
仕掛けまで作ったり
これで
上まで手が
届くぞ!!
※普通はアトリエの
中で描きます

絵の制作中に
ぼんやり佇み
「なぜ描かないのか?」
と聞かれれば
?
「光が足りないから」と
雲が動くのを
じっと待っていたり
モチーフにしていた
ポプラ並木が
切られると聞き
持ち主にお金を払い
描き終わるまで
待ってもらったり
もう少しだけ!!
えー
駅の絵を描くために
駅長とかけあって列車の
発車時間を遅らせたり
などなど…
モク
モク
この煙が描きたかった!!
モネって
思っていたよりも
ヤバい人だな
もっと大人しいイメージだった…
…でも
そこまでこだわって
描きたい風景って
どんなだろう
庭園や大聖堂
積みわらに
セーヌ川…
いつか自分の目で
見に行きたいなぁ
…と
いうわけで現在
よーし!
モネの
風景を巡る旅の
計画立てるぞ~!!

モネが描いた風景で有名な場所と言えば
ジヴェルニー村の睡蓮の池があるモネの家と庭園!!
ここは絶対に外せないね!!
もう一箇所寄りたいのが
カチッ
ヴェトゥイユという小さな村にあるモネが住んでいた家!
ここ今は※シャンブル・ドットになっているんだ
この村、モネが絵を描いた場所もたくさんあるし
憧れの画家が描いた風景を見てその家に泊まるなんて考えただけでわくわくする!!
ただ心配なのがシャンブル・ドットは民家の一室を間借りする宿…

※シャンブル・ドット…フランス版のB&B。宿泊と朝食がセットになった簡素な宿

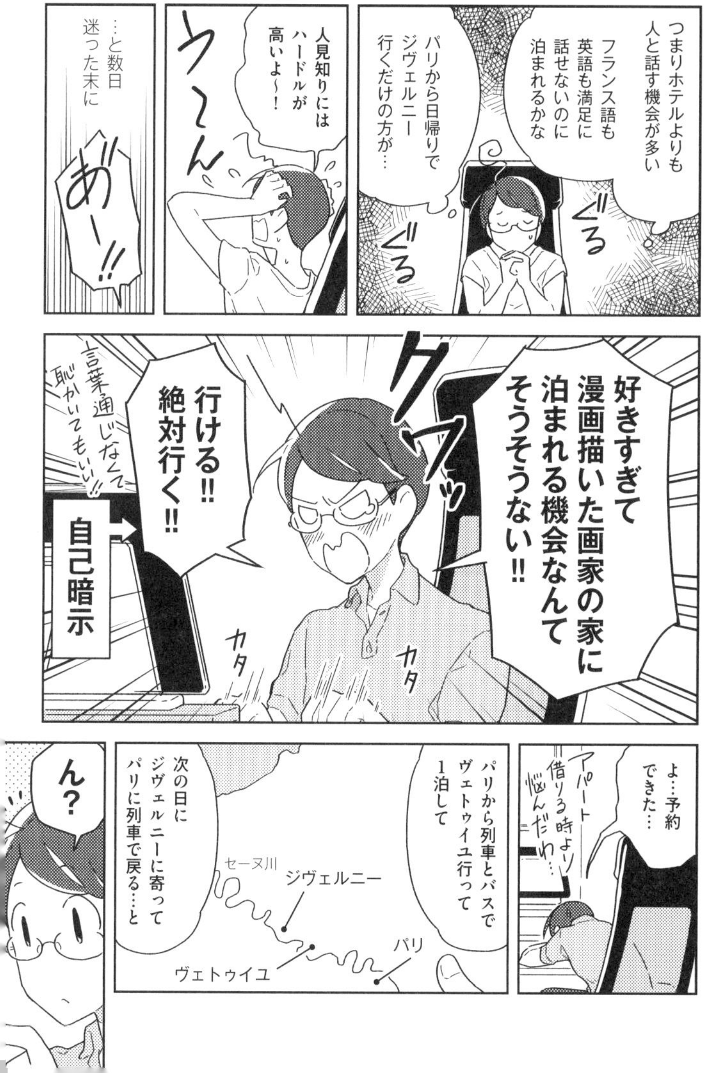
つまりホテルよりも人と話す機会が多い
フランス語も英語も満足に話せないのに泊まれるかな
ぐる
ぐる
パリから日帰りでジヴェルニー行くだけの方が…
人見知りにはハードルが高いよ〜!
う〜ん
…と数日迷った末に
あー!!
グワッ
好きすぎて漫画描いた画家の家に泊まれる機会なんてそうそうない!!
行ける!!
絶対行く!!
言葉通じなくて恥かいてもいい!!
自己暗示
カタ
カタ
よ…予約できた…
アパート借りる時より悩んだわ…
パリから列車とバスでヴェトゥイユ行って1泊して
次の日にジヴェルニーに寄ってパリに列車で戻る…と
セーヌ川
ジヴェルニー
パリ
ヴェトゥイユ
ん?

イギリス
この辺
フランス
スペイン
ルーアン…
モネが連作を描いた
大聖堂のある街
ル・アーヴル
ルーアン
セーヌ川
ジヴェルニー
ヴェトゥイユ
パリ
ル・アーヴル…
モネが5 ～ 18歳まで過ごした港町
印象派の由来となった《印象、日の出》は
この街で描かれた作品
ジヴェルニーの少し先行ったらルーアンなんだ
そこからもう少し行くとル・アーヴル
これは一気に回れるのでは?
行き方を調べると
Rome 2 rioというサイトをよく使いました
パリのサン=ラザール駅からル・アーヴル行きの列車
ジヴェルニーの近くもルーアンも通ってる!
更に情報収集
移動ルート考えたり行きたいところ書きだしたり
街歩きするならそれぞれ一日は欲しいな
ヴェトゥイユ一日
ジヴェルニー一日
ルーアン一日
ル・アーヴル一日
Booking.comでルーアンとル・アーヴルのホテル予約
パリより全然安い!
一泊50€位
ポチ
列車のチケットは※Oui.sncfのアプリで購入
お手軽!!
ポチ

※SNCF（フランス国鉄）の公式チケット購入サイト

できた!! ノルマンディー3泊4日列車旅計画!!
旅のしおりも作ったよ
ジャーーン
1日目
パリ→ヴェトゥイユ観光
（ヴェトゥイユ泊）
2日目
ヴェトゥイユ→ジヴェルニー観光
→ルーアン（ルーアン泊）
3日目
ルーアン観光→ル・アーヴル
（ル・アーヴル泊）
4日目
ル・アーヴル観光
→パリに戻る
←当初の予定
1日目
パリ→ヴェトゥイユ観光
（ヴェトゥイユ泊）
2日目
ヴェトゥイユ→ジヴェルニー観光
→パリに戻る
1泊2日の予定が気づいたら3泊4日に…
ずいぶん変わったな
でもこの風景が本当に見れるんだ
パラッ
楽しみだなぁ
MONET
よく考えたら列車での一人旅初めてだ!!
ル・アーヴルまでたどりつけるか？

印象派の画家についてわかりやすく知りたい方には『イラストで読む印象派の画家たち』（杉全美帆子・著）という本がおすすめです。

彼らはそんな古い価値観に反抗し
戸外に出て人々の生活や自然の風景を主に描いた
私たちの絵を見てくれ!!
古くさい絵なんて描くもんか!!
サロンに頼らずに仲間を集めてグループ展も開催
その代表格の画家がモネなんだ!
グループ展も笑い物にされたりで色々苦労するけど…
より詳しく知りたい方は漫画『モネのキッチン』をよければどうぞ
スペースがたりないので…
スッ
宣伝!?

旅準備　in パリ編

2019年9月9日 フランス・パリ
明日から列車旅か～
最初はホームシックにもなったけど…※
びえーえーえーえ
全然喋れない!! 後ろから怒鳴られた!! ウェイターに無視された～
日本帰りたい～!!
昨日マルモッタン・モネ美術館でモネやモリゾの絵を眺めたら元気出たし
準備して早めに寝よう
移動も多いし荷物は軽く 最低限の着替えや化粧ポーチはボストンバッグ
ショルダーにはiPad miniとメモや財布に…
携帯用の固形水彩絵の具とスケッチブック!!
モネが描いた景色スケッチするぞ～♪
あっ
実際の景色と見比べる用にモネの絵葉書持って行こう
昨日買ったやつと日本から持ってきたヴェトゥイユのと
小さい画集と関連本も!
お…重っ!!
ズシッ

※詳細は前作『フランスふらふら一人旅』にて描いています

旅前夜

パリでの旅準備と
言いつつも
このクッキー
おいしそう
列車で
食べよー
実際にやったのは
荷物詰めとお菓子の
買い出しくらい
検札では
これ見せればいいのか
列車の切符は全部
ネットで購入済み
eチケットのデータは
メールでくるから
管理も簡単!!
……
簡単すぎて
逆に不安に
なってきた
忘れ物
ないかなあ
途中で電車が
止まったら
どうしよう
モヤ
モヤ
モヤ
バスが
こなかったら
宿で会話
できなかったら…

eチケットは端末の故障に備えて
印刷して持っておくのをお勧めします。
（自分は日本でプリントして持参）

A4サイズの紙を三つ折りにして
収納できるクリアファイルが
便利でした。

持ち物
（移動時）

ボストンバッグ
着替え
パジャマ
靴下・下着
ダウンベスト
折り畳み帽子
スリッパ
フェイスタオル
洗面用具
おやつ
twibio
非常食
おにぎり
おにぎり
アダプタ
充電器
本・絵葉書
IM PREE SIO IST
旅日記
折り畳み傘
カメラ
鎖付き南京錠

ショルダー
スケッチ道具
筆記具
メモ・旅のしおり
手ぬぐい
ティッシュ類
財布
エコバッグ
リップ
クリーム
iPad mini
常備薬
イヤホン
iPhone SE
セキュリティポーチ
パスポート
予備のお金
（日本円と€）
アパートの鍵

←スケッチ道具の詳細は23ページ参照

持ち物
（街歩き）

服装

9月のフランスは
まだまだ日差しが強いので
帽子を持って行って正解でした。

あとスケッチは屋外に長時間いるので
日焼け止めは忘れずに塗りましょう
（忘れてめっちゃ日焼けしました…）。

財布、iPad miniなどの
貴重品はそのまま
ショルダーバッグで
持ち歩きます。

街歩きの時はボストンバッグを
宿に預けるかロッカーにしまうかして
トートバッグに左のスケッチ道具を
入れて持ち歩きます。

観光案内所でもらった地図やチラシなども
ここにぽんぽん入れます。

画材詳細

ドローイングペン
線画を描く用の黒ペン。
水筆(中・細)
軸の部分に水を入れて使う
屋外でも手軽に水彩画が
描ける筆。
絵によってはペンを
使わずに、鉛筆のラフに
そのまま着彩もします。
鉛筆(2B)
ホルベイン固形
水彩絵の具(32色)
色数が多いのはよかったけど
持ち歩きには重かったので
24色か16色でもよかったかも。
練り消し
ペンケース
月光荘の水筒
筆を洗ったり
水筆に水分補給したりする用。
空いてるスペースに筆をふく用に
切ったタオルをつめてます。
ターレンスの
スケッチブック

モネの足跡をたどる旅 1日目

ヴェトゥイユ
Vétheuil

ル・アーヴル
ルーアン
ジヴェルニー
ヴェトゥイユ
マント=ラ=ジョリ
パリ
(サン=ラザール駅)

移動ルート

《出発》
パリ Paris
サン=ラザール駅
Gare Saint-Lazare

▼快速列車で30分

マント=ラ=ジョリ駅
Gare de Mantes-la-Jolie

▼バスで30分

《目的地》
ヴェトゥイユ
Vétheuil

パリからマント=ラ=ジョリまでの列車とヴェトゥイユまでのバスの料金はNavigo(ナヴィゴ)というチャージ式の定期券の範囲内だったので、自分は特に切符は購入せずに移動しました。
当時調べた料金では列車は8.5€、バスは2€で合計10.5€(※)でした。

※2019年当時で1300円位

ヴェトゥイユで描かれたモネの作品たち

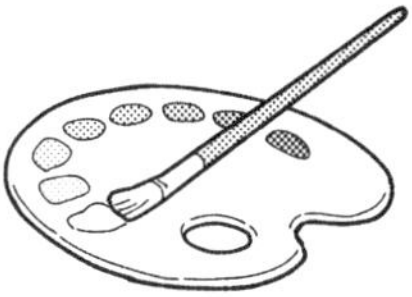

《ヴェトゥイユの画家の庭》1881
ナショナル・ギャラリー・オブ・アート

《セーヌ河岸、ヴェトゥイユ》1880
ナショナル・ギャラリー・オブ・アート

ヴェトゥイユでのモネ

1878～1881(37～40歳頃)

30代後半のモネは絵が売れず、経済苦から1878年にパリを離れてセーヌ川沿いのこの村に家を借りました。翌年、彼の苦境に追い討ちをかけるように、妻カミーユが病気のため32歳で亡くなります。
そんな中でもモネはヴェトゥイユを去る1881年までの3年間で、家の庭やセーヌ川、教会などこの村の様々な景色を描き150点余りの作品を制作しました。

サン=ラザール駅
パリに6つあるターミナル駅の一つで開業は最も古い1837年
ずっとずっと夢見ていた旅の出発点…
だが
はあ…
とうとうこの時が来てしまった…
ず〜ん
外国で一人列車旅なんて大丈夫かなあ
国内だってほぼ経験ないのに
しょぼ
しょぼ
不安すぎて下がりまくるテンション
パンのいい匂いお昼ご飯に買おうかな
PAUL
いや！せっかくなら目的地で美味しいもの食べよう
お店も調べてあるし
ホームは何番だっけ
キョロ
キョロ

そうか
掲示板で確認するんだ
フランスの列車は出発の20分前まで何番線から出るかわからないのです
マント＝ラ＝ジョリ行きは…17番線か
1日目はまず列車でマント＝ラ＝ジョリ駅へ その後はバスで目的地ヴェトゥイユへ移動
ヴェトゥイユ
バス
アンテルシテ（特急列車）
マント＝ラ＝ジョリ駅
セーヌ川
サン＝ラザール駅
ヴェトゥイユまでは※ナヴィゴの有効範囲内なので今日は切符は必要なし
あっ
改札への入り口にモネの《ひなげし》のドット絵が!!
モネ推しなんだなぁこの駅
ピッ
そうだ
サン＝ラザールと言えば…

※ナヴィゴ（navigo）…パリ近郊の公共交通機関が一定期間乗り放題になる交通系ICカード

モネが描いたあの駅だ!!
絵のような煙をあげる汽車はいないけれど
モネの描いたサン=ラザール駅の面影が確かに残ってる…
こんな景色が今からたくさん見れるんだ…
よしっ! 初めての列車旅楽しむぞ!!
今回乗るのはフランス国鉄(SNCF)の快速列車TER

カラフルな車内!!
黄緑やオレンジのシート明るくていいな
ウィィ……
わ〜出発だ♪
パリの周り近代的な建物が多いなあ
ギャップがすごい…
ガタンゴトン
マント＝ラ＝ジョリ駅に30分ほどで到着
このまま出て大丈夫？大丈夫？
話には聞いていたけれど駅を出る時に改札がないのに驚く
駅前からバスに乗車
10分くらいで街から一気にのどかな風景になった!
わ
気分良くなったのか歌い出す運転手さん
えっ自由…

30分ほどでヴェトウイユに到着
村役場の前のバス停で降りると
広場に面した建物の壁に
モネを含めたこの村ゆかりの芸術家たちの姿が
※ジョアン・ミッチェルにリオペルもいる！
J.P. RIOPELLE
C.MONET A.LAUVRAY
J.MITCHELL
C.BROUSSE A.BRUNEAUX
こんな所にもモネが!!
まずはベーカリーでパン買って
モネが絵を描いたセーヌ川沿いでお昼食べよ…
あれっ？休み!?
臨時休業
じゃあ食料品店で…
こっちも!?
15時から開けます…ってあと2時間先だよ！
この先にレストランがあったはず
ドドド
ドドドド
本日定休日
Entrée Restaurant
夕食も食べれないじゃん…

※ミッチェルはアメリカ出身、リオペルはカナダ出身の抽象表現主義の画家

仕方ない
持ってきたクッキー
川辺で食べよう
おやつ用だけど…
広場から
川辺へは歩いて
5分足らず
民家が立ち並ぶ
静かな通りを
抜けると
サァ…
わあ…
パリで見る
セーヌ川とは
全然違う！
水面に景色が
反射して
モネの
《ヴェトゥイユのセーヌ川》で
見た風景だ!!
わーい!!
もっと近くに
行ってみよう
なんか
虫が多いな…

犬の落とし物
ブーン
ブーン
○×△□~!!
よく見ると草原の中には点々と落とし物が…
ギャーッ
う…わぁ…
そんな中シートをひいて寝そべって寛ぐカップル
ハエ気にならないのかな…
落とし物が少ないベンチに座り持って来たおやつで昼食
もそもそ
…なんか思い描いてた旅と違うな
現世のおいしいもの食べてきれいな景色見て…映える旅…
まあ現実なんてこんなもんか
くさい…

凹んでも仕方ない!!
教会見て元気だそう
この上か川辺からも少し見えたけど…
立派!!
高台にあるから村のどこからでも見えるんだ
中も素敵だろうな〜♪
あれ…門が閉まってる
公開は日曜のみ
凹
今日は火曜日…
あそこは…
あそこだけはお願いだから開いてて
ヨロ…
向かったのは教会の脇道の先にある村の小さな墓地
ホッ
開いてる!

この墓地の片隅に
モネの妻の
カミーユが
一人静かに
眠っています
この村に
どうしても
来たかったの
モネの家が
あることに
加えて
カミーユの
お墓があるから
なんだよね
モネの数々の絵の
モデルを務めた
カミーユは
32歳の時に病のため
ヴェトゥイユで亡くなり
この墓地に埋葬されました
綺麗に
手入れされてて
お花も飾られてる
Camille DONCIEUX
épouse du peintre
Claude MONET
1847 - 1879
Les Amis de Vetheuil
大事にされて
いるんだなあ
うれしい…
と、ぼんやり
浸っていると
こんにちは《ボンジュール》

上品そうなおばあさん…花持ってるしお墓参りかな？
こんにちは《ボンジュール》
カミーユのお墓を見に来たの？どこから？
え〜と
えーと
日本から…モネの絵が好きでこの村に来ました
しどろもどろ
↓片言フランス語
偶然通ったその人はフランス語と英語を交えて色々と話をしてくれました
とても美しいところよ
ジヴェルニーはもう行った？
明日行く予定で…
この村でモネが多くの絵を描いたことジヴェルニーの庭の美しさ
楽しんでいってね
よい旅を《ボン・ボヤージュ》!!
Merci!
笑顔で話しかけてもらえて…なんかホッとした
そうだ
パラッ
自分なりに楽しもう
ピピピピピッ
おっと
ピピピピピッ

そろそろ チェックインか
16:55
モネの家… あそこだ
こんにちは《ボンジュール》 あなた ニシウラ？
ウ… ウィ！
こんにちは《ボンジュール》 初めまして《アンシャンテ》
初めまして《アンシャンテ》 さあ 入って
ようこそ ヴェトゥイユの モネの家へ
わ〜‼ すっごい 雰囲気ある‼
す…素敵な お家ですね
ありがとう！ 部屋の 案内しますね

この部屋が
ダイニング
明日の朝食は
ここに
用意しますね
ここが庭
わ
ここは
今は客間だけど
昔は寝室として
使われていた部屋
こっちが
浴室
3階のこの部屋は
家族客用の寝室
元々はモネが
アトリエとして
使っていました
そうなんだ!!
※こっち予約すれば
よかったな〜
…だけど
?

※予約していたのは2階にあるダブルルーム

今日の宿泊客は
あなただけだから
ここ使って
本当に？
C'est vrai ?
Oui !!
ありがとうございます!
Merci
beaucoup !!
じゃあ私は
用事で21時位まで
出かけるから
案内した
部屋や庭は
好きに見てね
は…はい！
村のレストランは
今日は休業日だから
商店でご飯を買って
庭かセーヌ川沿いで
食べるのがおすすめ
カギかけ忘れないでね
ブロロロロ
他人に家を預けて外出ってすごいなあ…
こっちがドキドキする…
ピッ
ふふ
レストランの休みを知った時はついてないと思ったけど
そうでもなかったな

セーヌ川に沈む
夕日を眺めながらの
夕食なんて
最高の贅沢
パリを出る時は
不安でいっぱい
だったけど
…来て
よかった
天窓付きの
素敵な寝室
嬉しいな～!!
旅日記書いたら
今日のスケッチに
色つけて
明日のプラン
確認もしよう!
明日はジヴェルニーだ!!
15分後
すやあ
1日目終了

客室詳細

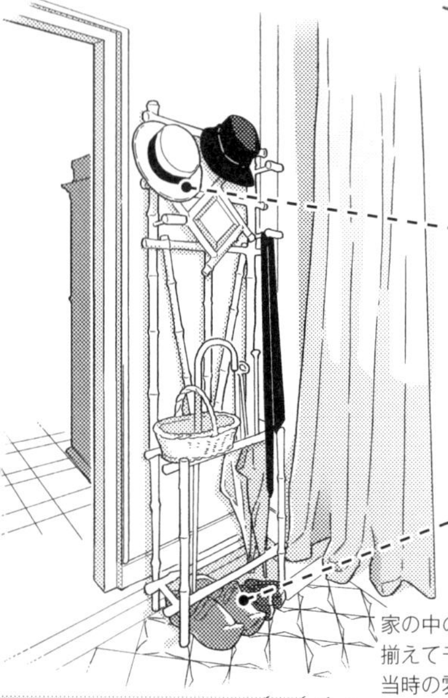
玄関
19世紀後半に
流行した
カンカン帽。
古い木靴（サボ）。

家の中の家具もアンティークで
揃えてモネが暮らしていた
当時の雰囲気を再現していました
オーナーさんのモネ愛がすごかった。

寝室
モネ関連の
本が家中に。

3階が丸々
家族客用の部屋なので
気兼ねなくゆっくり
休めました
料金はそのまま
朝食込みで
一人一泊90€

3階間取り

La maison de Claude Monet à Vétheuil
ダブルルーム（予約）→ファミリールームに変更。

こちらもベッドを使わなければ
好きに見てOKとのことでした。

泊まったのは
こっちの寝室。

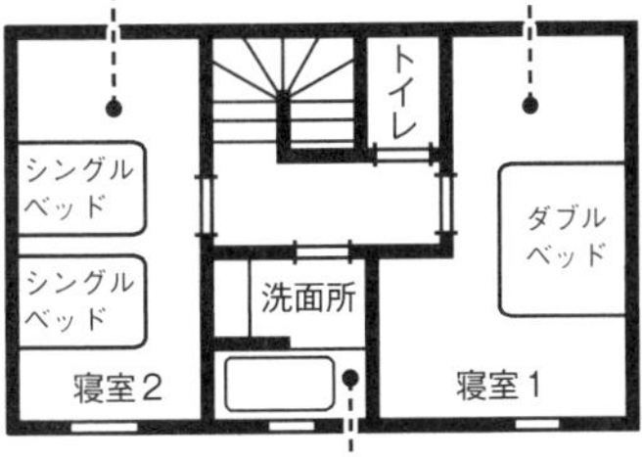
トイレ
シングル
ベッド
シングル
ベッド
洗面所
寝室2
ダブル
ベッド
寝室1

電気ポットとお茶、
Wi-Fiも完備。

タイル装飾が素敵で
清潔なバスルーム！

モネの家のすぐ上に見えるこの家には
アメリカの画家ジョアン・ミッチェルが
住んでいました。

CLAUDE MONET

家の壁にあるプレートには“印象派の生みの親であるクロード・
モネは1878年から1881年までこの家に滞在し1879年9月5日
に妻のカミーユ・ドンシューを亡くしました”という文章が。

一番嬉しかったこと

家の説明中
かつてモネが日々を過ごした家に泊まれるなんて
夢みたい…
あとで部屋の写真撮らせてもらおう
資料に使えるかもだし!!
ぐっ!
これで説明は一通り終わり質問ある？
あ…えーと
写真は…
私は用事で21時頃まで家を開けるから
案内した部屋や庭は好きに見てね
えっ!!
好きに!?
部屋や庭の写真は撮っても大丈夫ですか？
絵の参考やSNSにアップは…
もちろん大丈夫！
撮りまくりました
来て
よかったああ

※漫画の中で宿泊した「La maison de Claude Monet à Vétheuil」は現在B&Bの営業はしておらず、予約制のガイドツアーのみ行っているそうです。
https://claudemonetvetheuil.business.site/

カミーユのお墓

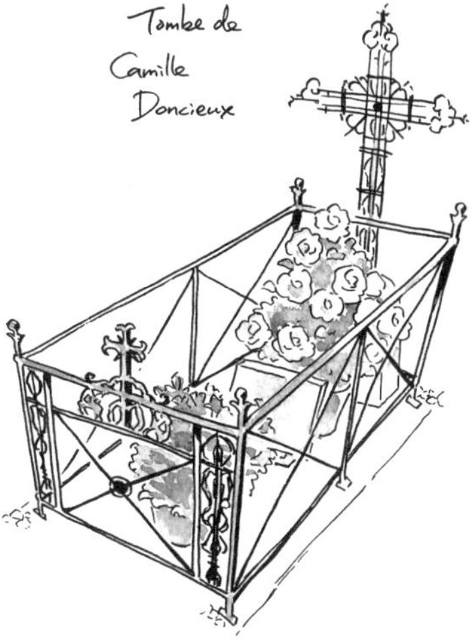
Tombe de
Camille
Doncieux

おばあさんと別れた後に再度行って描いたカミーユのお墓のスケッチ。墓碑銘はシンプルに「クロード・モネの最初の妻 カミーユ・ドンシュー 1847-1879」のみでおばあさん以外には訪れる人もなく静かな墓地でした。

ヴェトゥイユはセーヌ川のほとりのモネの絵のように小さくのどかで穏やかな村です
そのためあまり観光客も来ないし訪れる人も車が多く
向かう途中に何度も不安になりました笑
観光っぽい人ぜんぜんいない…合ってる?
マント＝ラ＝ジョリ駅
ただ乗り換えの場所や時間さえ間違えなければ大丈夫なので
Go to Vétheuil?
Oui, madame.
Vétheuil
自分は駅員さんやバスの運転手さんにメモを見せて確認してました
ヴェトゥイユのノートルダム教会
この村の最大の魅力はあまり観光地化されていないので
モネが描いた景色の中をのんびりと散歩できること
すれ違った村の人に挨拶されてほっこりしたり
Bonjour.
Bonjour.

都会のパリとは全く違った時間の流れを感じます
チチチ…
こういう所にモネは惹かれたのかな…
曜日が合わず乗れなかったのですが
週末は川岸から対岸への無料渡し船も出ています
乗りたかった…
次行くなら渡し船に乗って
対岸からこの村を見たいなあ！
モネも対岸からヴェトゥイユ描いたし
モネの描いた景色の中でゆっくり時間をすごしたい
そんな方におすすめの村です

モネの足跡をたどる旅
2日目
ジヴェルニー
-Giverny-

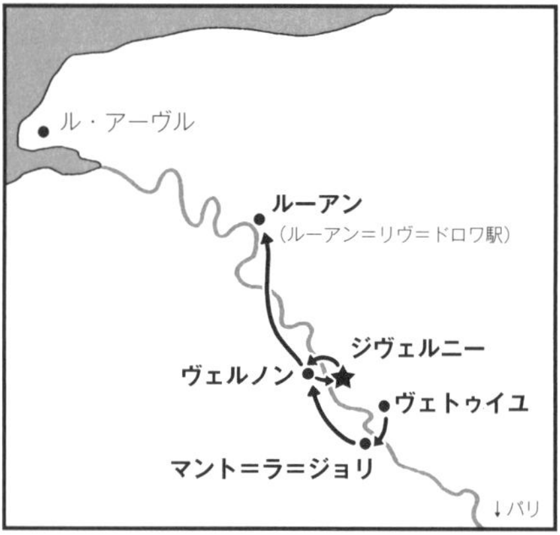

移動ルート

《出発》
ヴェトゥイユ
Vétheuil

▼バスで30分

マント=ラ=ジョリ駅
Gare de Mantes-la-Jolie

▼特急列車で15分

ヴェルノン駅
Gare de Vernon

▼バスで30分

《目的地1》
ジヴェルニー
Giverny

▼バスで30分

ヴェルノン駅
Gare de Vernon

▼特急列車で35分

《目的地2》
ルーアン　Rouen
ルーアン=リヴ=ドロワ駅
Gare de Rouen-Rive-Droite

マント=ラ=ジョリ～ヴェルノンの切符代は2等車の座席指定なしで3.5€、ヴェルノンからジヴェルニーのバス代は往復で10€でした。ヴェルノン～ルーアンは2等車・座席指定なしで7.2€。
この日は交通費は合計20.7€（※）

※2019年当時で2600円位

ジヴェルニーで描かれたモネの作品たち

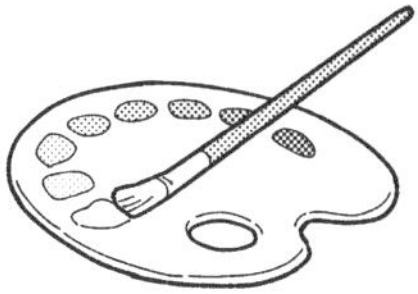

《日本の橋》1899
ナショナル・ギャラリー
オブ・アート

《積みわら（雪の効果、朝）》1891
J・ポール・ゲティ美術館

ジヴェルニーでのモネ

1883～1926（42～86歳）

1883年、ジヴェルニーを訪れたモネは広い庭のある一軒の家に魅了され、そこに家族と共に移り住みます。彼はその家を自分好みの色に塗り替え、花が溢れる庭を造り上げました。その後、経済的に安定したモネは1890年に借家だった家を買い取り、後に隣の敷地も購入してそこに睡蓮の咲く池を造ります。そして晩年まで睡蓮をテーマに連作や装飾画を描き続けました。

ノルマンディー旅
2日目の朝
どよん…
あ～今日は
曇り空か
ジヴェルニー
行くのに…
ダイニングへ
下りると
わ!!
素敵な
朝ごはん!!
コーヒー
手作りジャム
ホカ
オレンジジュース
バター
クロワッサン
ホカ
バゲット
チーズ
手作りの
ジャム
美味しい…
パンと合う!!
チェックアウトの時
お礼をきちんと
伝えたくて
Merci!
日本から持ってきた
モネの絵葉書に
フランス語でお礼を
書いて渡しました
喜んでもらえて
嬉しかった

※国立西洋美術館所蔵《ヴェトゥイユ》（1902）

ヴェトゥイユを発ち マント＝ラ＝ジョリ駅へ
運転手 また歌ってる
自由な国だ…
そこから ヴェルノン行きの 列車に乗ります
が
ただいま 遅延中
遅延か～ 5分か 10分かな？
アプリで 確認しよう
30分遅れます
30分後
本当に くるのか…？
更に10分遅れます
ドキ ドキ
45分後
時間に余裕 持っといて よかった
やっと 来た…
ヴェルノン駅
GARE DE VERNON - GI
ジヴェルニー 行きのバスは…
あれか！
列車の到着時間に 合わせた出発なの で無事乗れました
VERNON GIVERNY
一路 ジヴェルニーへ 向かいます

バスの料金は往復10€。乗車時にチケットを運転手から購入します

わあっ!!
ジヴェルニーの積みわらだ!!
ここはジヴェルニー印象派美術館の庭園 秋にはモネが描いた《ジヴェルニーの積みわら》の風景が再現されます
ぐー
空の青と木々の緑が綺麗だなあ
晴れてきてよかった〜
バス到着後モネの家へ直行する人が多かったので
先にこちらを回ることに
ゾロゾロ
入り口にも緑がいっぱい
きれい!
無料のロッカー助かる!!
暑いし上着も預けよう
ぎゅむ

展示室
地下なんだ
ボンジュー！
ボ…
ボンジュー
なんか
戸惑ってる？
でもここ
展示室だよね
チケット
ちがった？
企画展の
チラシ？
企画展…
上のフロア…
展示ここだけ
じゃないから
↑少したどたどしい英語
あっ!
1階の企画展観てから
最後にここ寄るのが
正しい順路なのか!!
ピーン!!
1F
入り口
企画展
売店
チケット
売り場
B1Fへ
踊り場
↑ロッカー
B1F
常設展
現在地
1Fへ
←本来はここでチケット切る
わざわざ
教えてくれて
親切～！
ありがとう
Merci!
※常設展示は地下の
小さな一部屋ですが
モネの《睡蓮》も観れました
睡蓮の絵
ここにもあるんだ
これから
実際の庭が
見れるんだなあ

※美術館の所蔵ではなく寄託作品

企画展はナビ派の画家
ケルー・グザヴィエ・ルーセルの作品を集めたもの
ナビ派好きだけどルーセルの作品は観る機会なかったから嬉しいな
ミュージアムショップでモネの絵本を購入
素敵な水彩画の本
美術館を出て向かうのはモネの家と反対方向
のどかな風景の中を10分ほど歩くと見えてくるのが
聖ラドゴンド教会だ
教会脇の階段の上に…
あった！
モネと家族のお墓
MICHEL MONET 1878-1966

私たちの愛する
クロード・モネ
ここに眠る…か
ICI REPOSE
NOTRE BIEN AIME
CLAUDE MONET
NE LE 14 NOVEMBRE 184
DECEDE LE 5 DECEMBRE 1926
REGRETTE DE TOUS
青空の下
草花に囲まれて立つ
白い十字架…
自然を愛した
モネらしい
お墓だ
14時か…
行く予定の場所は
一通り回ったし
いよいよ
行くぞ!!
モネの
家と庭!!
まず家を見て
その後ゆっくり
庭園を回ろう

→チケットは美術館で購入済み（美術館とモネの家のセットチケットで17€）

美術館や
教会に比べて
人が多いな
モネの
応接間
最初はアトリエに
使ってただけあって
大きな窓だな～
飾られてる絵は
全部複製だけど
これだけ
並ぶと壮観！
2階はモネと
家族の居住空間
中でも一番
大きい部屋が…
モネの
寝室だ
ここにも絵が
たくさん!!

壁にはルノワールやモリゾ
マネやセザンヌなどの
複製画が飾られ
生前の部屋の様子が
再現されています
印象派仲間の作品…
大事にしてたん
だなあ
一人でにやける
印象派オタク
モネの
二番目の妻
アリスの寝室
どの部屋にも
絵があって
素敵!!
モネの義理の娘
ブランシュの
寝室を通り
また1階へ
下りると
食堂!!
部屋も家具も
やわらかい黄色で
統一されてて
いいなあ
食堂の隣は
やっぱり…

モネのキッチン!!
今まで見た邸宅のキッチンはシンプルなものが多かったけど
ここは色使いや装飾にモネのこだわりを感じるなあ…
銅鍋きれい…
漫画で描いたのはここじゃないけど
ジーーン
本物のモネのキッチンを見ることができて感慨深いなあ
モネの家大満足!!
次は庭園を…
プウン
ビクッ
わっ!!
またハエ!?
なんだ蜂か
ホッ

よく見ると色々な種類の虫がいるなぁ
これだけの花があったら虫にとっては天国だよね
『クロ・ノルマン（ノルマンディーの囲い庭）』と名付けられたモネの家の前庭
…あれ？
写真や映像で何度も見た庭なのに
初めて見る景色みたいだ
サァァ
チチチチチ
ブーン
まばゆい陽光葉を揺らす風や花々の香り
ささやかな虫の羽音
サワサワ
ブーン
実際に訪れないと感じられないものって
こんなにあるんだ…
あそこは…
睡蓮の池はどうなんだろう
池がある『水の庭』は道路を隔てた先
地下通路を通って向かいます
『日本の橋』の脇道を通り反対側へ行くと――

わ
…これがモネの睡蓮
ああ
写真で見ていた時は気づかなかった
サン＝ラザールの駅やヴェトゥイユの景色や積みわらのように
この庭もモネの絵のモチーフの一つだと思っていた

だけど実際に来てわかった
この空間はモネが愛し描いた光や色彩を実際に感じられる…
絵画と同じくモネが造った作品なんだ
……
すごいな…
美しい風景を描いた画家は無数にいるけど
美しい風景を造った画家はそういないよ
…本当にすごい
名残惜しく感じつつも
列車の時間があるので先へ
出口近くにはモネの三つ目のアトリエを改装したミュージアムショップが
壁にはここで描かれたオランジュリーの《睡蓮》のレプリカが飾られています
ゆっくりしすぎに注意
あと5分でバスが出る～!!
ドドドド
←美術館に荷物を回収しに行くのをすっかり忘れていた奴

次の目的地はヴェルノンから列車で40分ほどの街
立派な駅だなー
ここがルーアンか
GARE DE ROUEN
ぐう〜
お腹空いた…
モネの庭に夢中でお昼食べ損ねたもんなあ
非常食にチョコ買って食べたけど
もう19時だしホテルにチェックインして
それから夕食食べよう
中世からの古都なだけあって古い建物が多いなあ
歩いてて楽しい！
20分後　ホテル到着
ゼーはー
もっと…駅近の所にするべきだった
荷物おっも…
チェ…
チェックイン…
お願いします《シルブプレ》
ウ…ウィ
ヨロ…

いつもの散歩の感覚で「20分くらいなら全然歩ける！」と思って予約してしまった…

ぐでー
はあ…ベッド最高…
ピピピピピ
21時！時間だ
この宿に予約した理由は安かったのと
わあっ!!
ルーアン大聖堂まで徒歩5分だから
迫力あるな～
終了22時位だから少し迷ったけど来てよかった
ルーアン大聖堂は6月～9月の期間限定で毎夜プロジェクションマッピングのショーが行われています
楽しかった!! スーパーで買ったごはん食べよう
お米のサラダ初挑戦!! いただきまーす
わさびソースのスモークサーモンライスサラダ
RIZ AU SAUMON FUME SAUCE RAIFORT & WASABI
わくわく
ぱくっ
米…なのに冷えてわさびマヨ的なソースと混ざって未知の味と食感に…
2日目終了
頑張って完食しました

モネが晩年まで暮らした家と庭が残る
ジヴェルニーは花と緑と印象派の村！
ここもヴェトゥイユ同様バス移動が必要ですが
あれだ!!
駅から村までの直通バスが出ているので
とても行きやすいです
ジヴェルニーはモネが好きなら絶対に行くべき！
モネの家は外観も内装もとても素敵だし
庭園や睡蓮の池は写真よりもずっと美しかったです
ここを訪れた後にパリのオランジュリー美術館で《睡蓮》の連作を見ると
あの睡蓮の庭をモネはこう描いたんだ…と感動もひとしお！

村の散策も
フランスの田舎の村の雰囲気を味わえて楽しいです
ただ難点を一つあげるなら
印象派画家たちが宿泊したホテル Ancien Hôtel Baudy
現在はレストランとして営業している
世界的に有名な観光地なので人が多いこと
家の中が特にすごい
ガヤ
ガヤ
わちゃ…
ゆっくり家や庭を見たい人は朝早めに行くか
昼食の時間帯を狙うといいかも
ツアー客もお昼の時間にはだいぶへるので
また村の中にスーパーがないのにも注意
飲み物や軽食はバスに乗る前にヴェルノン駅の売店で購入するといいです
夏はお水必須!!
COOKIE

モネの家

ダイニング

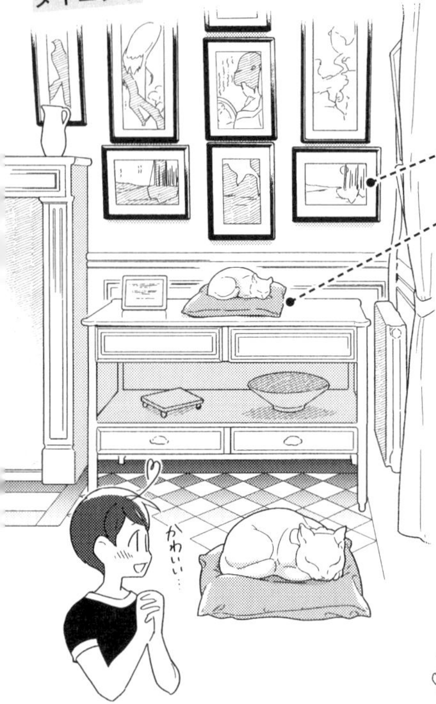

モネの家のダイニングには
壁中に北斎、広重、歌麿などの
浮世絵が飾られていました。

飾り棚の上には日本製の
陶器の猫の置物。

ミュージアムショップに
陶器の猫のレプリカが売っていて
少し惹かれたのですが、これを持って
あと2日歩き回るの大変だな…と
思い断念。

アリスの寝室

この陶器の猫、
お気に入りだったのか
アリスの寝室の暖炉前にも
同じものが飾られていました。

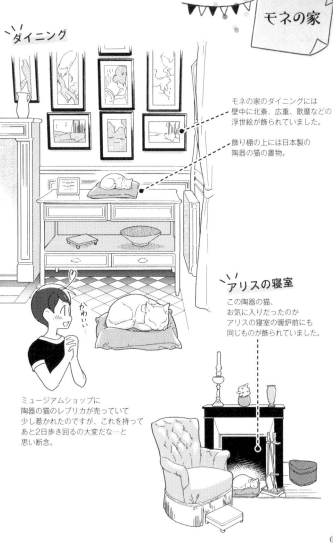

小部屋や階段の壁にも
日本の浮世絵がたくさん
飾られていました
本当に好きだったんだなあ。

応接間の手前の小部屋

Oeufs frais

なんだろ
この箱
フランス語で
「新鮮な卵」って
書いてあるけど…

そのままの意味で
庭園で飼っていた鶏が産んだ卵を
保管する用の箱でした。

モネの庭

モネの作品でもある
「クロ・ノルマン」と「水の庭」
この大作はモネ一人で造り上げたものではなく
たくさんの庭師の人々が関わっています。

モネは庭を維持するために
常時6～8人の庭師を
雇っていました。

今は10人前後の庭師が
管理しているそうです。

見学者の中には
庭師の人に色々
質問している人も
やっぱり
庭が好きな人が
来るんだなあ

ダリアは色も豊富で
モネのお気に入りの花
庭園にも無数の種類の
ダリアが咲いています。

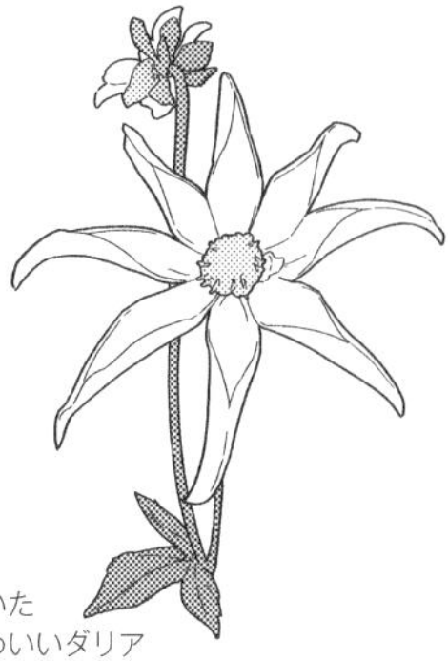

くるっと巻いた
花びらがかわいいダリア
ちょうど開花時期だったので
パリの公園や植物園でも
よく見かけました。

庭園の中、たくさんの蜂が
飛んでいるなあ…と思ったら
お土産売り場で山積みの
はちみつが売られていて納得。

ルーアンのホテルにて

チェックイン時
日本から来たの？
日本語のルーアンの地図あるからあげる
ルーアン観光がこれからなら
おすすめの場所に丸つけるね
どうもありがとう!!
プロジェクションマッピングの時間も書き込んで…
すごい丁寧に教えてくれてる
親切な人だなあ
後ろにめっちゃチェックイン待ってる人いるけど
マイペースだ…

部屋の間取り

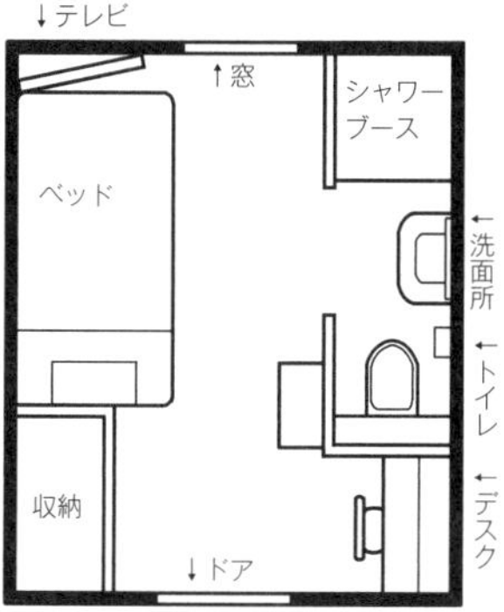
↓テレビ
↑窓
シャワーブース
ベッド
←洗面所
←トイレ
収納
←デスク
↓ドア

ルーアンで泊まったホテル
Alive Hôtel de Québec
シングルルーム　1泊68.8€（朝食込み）

部屋はビジネスホテルっぽかったけど
スタッフの人がとても親切でした。

2日目の晩ご飯

わかめ
枝豆
サーモン

カルフール（スーパー）で
買ったお米サラダ。
この組み合わせなら絶対に
美味しいだろうと思ったのに…。
下の方にたっぷり入った
わさびソースと冷えたお米が
自分には合わなかったです。

んー

一緒に買ったソシソン（ドライソーセージ）が
美味しかったのが救い。

ヴェトゥイユ

ヴェトゥイユのモネの家。家の正面は今は県道だが、モネが暮らしていた頃は道路はなく、家の前からセーヌの川岸まで下っていける階段があった。

モネの家からすぐ近くのセーヌ川。モネは頻繁にここへ通ったが、カミーユを亡くした年は天候が悪かったこともあり、室内にこもることが多かったそう。

ジヴェルニー

モネの睡蓮の池。水面に映る雲や木々はモネの絵でおなじみの光景。

9月だともう睡蓮の見頃は終わりかと思っていたが、ぽつぽつと咲いていて嬉しかった。

ジヴェルニーのモネの家。建物の正面も多くの緑や花々で彩られている。

モネの足跡をたどる旅
3日目

ルーアン
-Rouen-

移動ルート

《出発》
ルーアン Rouen
ルーアン=リヴ=ドロワ駅
Gare de Rouen-Rive-Droite

▼特急列車で1時間弱

《目的地》
ル・アーヴル
Le Havre
ル・アーヴル駅
Gare de Harve

ルーアンからル・アーヴルまでの切符代は3週間前にSNCFのアプリから予約して2等車の指定席で9.6€（※）でした。
フランスの特急列車の料金は早割でかなり安くなるので、旅程が決まったら早めの購入をおすすめします。

※2019年当時で1200円位

ルーアンで描かれた
モネの作品たち

《ルーアン大聖堂、陽光に照らされたファサード》1892-94
Image courtesy Clark Art Institute. Clarkart.edu

《ルーアン大聖堂、西ファサード》
1894
ナショナル・ギャラリー・オブ・アート

ルーアンでのモネ

1892 ~ 1893(51 ~ 52歳)

1892年と1893年の春、当時ジヴェルニーに住んでいたモネはルーアン大聖堂を描くためにこの街に滞在しました。大聖堂の向かいの建物の2階にイーゼルを立て、天気や時間によって移り変わる一瞬の色彩を何枚にもわたって描き、ジヴェルニーのアトリエに戻ってそれらの作品を仕上げました。大聖堂を描いた連作の数は33枚にも及びます。

ノルマンディー旅
3日目の朝
う〜ん
今日も曇りか
昨日みたいに昼から晴れればいいんだけど…
1階へ下りると——
ボンジュール！
朝食はここだよ
わぁ美味しそう！
こっちがクレープ…ヌテラ塗ると美味しいよ
フルーツも好きに食べて
丁寧に説明してくれる様子にほっこり
ビュッフェ形式はいくつになってもうきうきするな〜
PRESIDENT

左側のサイドテーブルには
シリアルやフルーツも並んでました→

コーヒー
マドレーヌ
St MAMET
LES ALLÉGÉES
すりおろしりんご
カマンベールチーズ
クロワッサン
りんご
ハム
チーズ
クレープ
ヌテラ
nutella
クレープ生地もちもちで美味しい!!
勧めてもらったヌテラと合う!
甘ーい!!
はー満足
食べきれなかったりんごはおやつにしよう
少し休んで10時半にチェックアウト
夕方まで荷物預かってもらえます？
もちろん!!
ルーアンの街を楽しんで!!

ここのホテル、スタッフの方々がみんな親切で優しかった…

18時の列車まで街歩きしよう♪
まずは一番近い…
MAP
サン=マクルー教会
石造りの教会とは思えないくらい繊細な彫刻!!
休みで中に入れないのが残念…
モダンな形の教会だ!
ジャンヌ・ダルクが処刑された広場に立つジャンヌ・ダルク教会
ヴィユ・マルシェ（市場）
でっかいマグロ!!
時計塔
時計もアーチの彫刻も細かくて綺麗!
さすが古都…見所が多いなあ
次は…
カァーン
えっ!?
ドキッ
カラン
カァーン
この音は…
カァーン
カラン

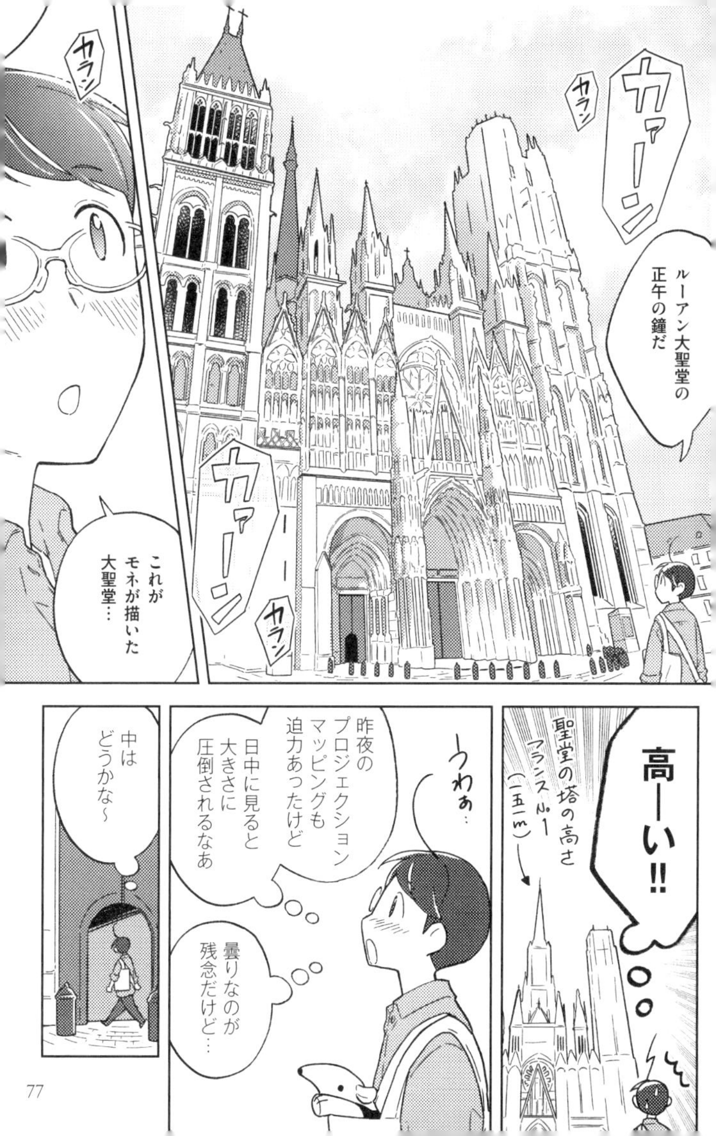
カァーン
カラン
ルーアン大聖堂の正午の鐘だ
カラン
カァーーン
カラン
これがモネが描いた大聖堂…
高ーい!!
聖堂の塔の高さ フランスNo.1 (一五一m)
うわぁ…
昨夜のプロジェクションマッピングも迫力あったけど日中に見ると大きさに圧倒されるなあ
曇りなのが残念だけど…
中はどうかな~

わあ…すごい奥行き！
主祭壇が見えないや
あっ
ジャンヌ・ダルクのステンドグラス
さすがフランスでも人気だなあ
守護聖人の一人だもんね
その後はルーアン美術館へ
こっちも立派!!
MUSEE
BRAQUE
入り口の荷物チェックのお兄さんがとても明るかった
Parfait!《パーフェクト！》

ここは1801年開館の歴史ある国立美術館
なんと常設展部分は入場無料！
フランスで三番目に多い印象派コレクションの中には
豪華〜〜!!
ルノワールやドガ カイユボット、シスレー そして
モネの絵！ 今日みたいな曇りの大聖堂だ
…モネの目で見ると曇りの日もこんなに色彩豊かなんだ

《ルーアン大聖堂、扉口とアルバーヌ塔、悪天候》(1894)

カラヴァッジョやルーベンス、モディリアニなど
展示は印象派以外にも盛りだくさん
ジャンヌ・ダルクにまつわる作品を集めた部屋…
ルーアンならではだな
はー大満足!!
ぐぐ〜っ
もう15時か
ぐ〜っ
ハッ
お昼ご飯!
ハムとチーズのパニーニひとつ
3,20 €
ホカホカ
広場のベンチで食事
熱々で美味しいけど…
わんこの視線が気になる…
もぐもぐ
じーっ

行けるのは
あと
一箇所位かな
それか大聖堂で
スケッチか…
MAP
ん？
古代～近代の
鉄製品の博物館？
このセック・デ・
トゥルネル博物館
面白そう！
行こう！
博物館なのに
教会？
？
わっ！
教会の中に
鉄製品が
いっぱい!!
アイロンに
はさみ、カギや
ロウソク立て…
生活道具も
たくさん！
こういうの
見れる機会
あまりないから
嬉しい～!!
資料写真
撮るぞ!!
イキ
イキ

※なんと入場無料！ 写真撮影も可能でした

面白かった鉄製品色々
▲折りたたみフォーク
（18世紀）
糸切り鋏
（1900年頃）▶
小型ピストル
（16世紀）▼
わー
実際にはこの位
▲頭蓋骨に穴を開ける
手術用ドリル（18世紀）
18世紀はこれを麻酔なしで…
ひえ…
手術用の切断ノコギリ（18世紀）▶
わっ
夢中で見てたら17時過ぎてた!!
急いでホテルまで行き荷物を回収して駅へ
いそげー
なんとか発車の10分前にホーム到着
ここからは指定席だな…
7号車の14番か
えーと7号車は…
7号車…
うろうろ
サーッ
号車番号どこー!?
日本みたいにホームに書いてない!

もう発車だし
乗ってから
探そう！
ダッ
14番の席…
座ってる人に
聞いてみるか
ドキ
ドキ
7-14
すみません
ここはこの
切符の席？
いや
私の席だよ
あ…
ごめんなさい
スマホ
はずかし〜
待って！
Attends!
こっち
こっち
ここは
5号車
君の席は
7号車だから
あっちだね
05
ありがとう
ございます!!
親切な人で
よかった〜
…ん？

7号車14番の席
ギャッ
ギャッ
……
あ…あそこに入る気力はない～
ムリー!
空席に座って検札が来たら説明しよう…
シャク
シャク
りんごうまい…
結局そのまま終点へ
19時過ぎにル・アーヴル駅に到着
GARE DU HAVRE
フワッ
潮の香りだ
港町の匂いって同じだなあ
住んでいる横浜を思い出してホッとする

しかし
この街…
建物が
四角い…
パリや
ルーアンと違って
近代的な街並みだ
それも
そのはず！
大きな港湾都市の
ル・アーヴルは
第二次世界大戦の時に
ドイツ軍に占領され
イギリス軍による
空爆で街の八割が
廃墟となりました…
それを再建したのが
「コンクリートの父」と
呼ばれる建築家
オーギュスト・ペレ
ペレの指揮の下で
20年の歳月をかけ
生まれ変わった街は
世界遺産にも
登録されています
THE
WORLD
HERITAGE
Auguste
Perret
モネの生きていた
19世紀の街の
面影はないけど
この街の歴史を
感じるなあ

海まで徒歩5分のホテルにチェックイン
CITOTEL
HOTEL
ボフッ
今日もよく歩いたな〜
今から海行ったら夕焼け見れそう
19:45
海辺を散歩してから近くのスーパーで夕食買って帰ろう
……今
ル・アーヴルの海に向かっているんだ
モネが《印象、日の出》を描いた海に

※フランスの9月の日没時間は20〜20時半

モネは17歳の頃に
この街で風景画の師
ブーダンに出会い
画家を志し
パリへ出た
31歳の彼がこの港の
風景を描いた《印象、日の出》は
グループ展で展示され
「印象派」の名前の由来となった
この街
そしてこの海は
モネが
画家の道を歩む
原点となり
印象派を
生んだ場所
だから一目
自分の目で
見てみたかった
ザザ…
ル・アーヴルの
海を——
ザザ…
ザザザァァ…

ザアアア…
ザザァ…
わぁ…

本当に
着いたんだ
ザザァ…
この旅の
最後の目的地
ザァ…
——ずっと
憧れていた場所
だけど
「そのうち」
「いつか
行きたいなあ」
昔の自分は
そう言いながら
実際に行くなんて
無理だと思ってた
気づけば30代半ば
思い切って
実行した初の
海外一人旅で
たどり着いた
その景色は

今まで見たどんな景色よりも
美しく愛おしく
心を捉えて離さなかった

ここまで来て
本当によかった

うわー港の方には月が昇ってる!
綺麗!!
さて
そろそろ晩ご飯買ってホテルに帰ろうかな
21時閉店だから急がないと…
現在21時5分
21:05
携帯おにぎりと味噌汁持って来て助かった…
3日目終了

開かない鍵

散歩から戻ったあと…
えっ!! 鍵回らない!!
ガチャ
ガチャ
10分ほど格闘しても開かず
すみません…《エクスキュゼモア》
ホテルのスタッフさん
コツがいるんだ
強めにドアを押しながら回すんだよ
グッ
グッとね
ガチャ
なるほど ありがとう!!
翌日朝の散歩後
開かない~~
なんで~
グッ
グッ

5分かけて自力で開けました

部屋の間取り

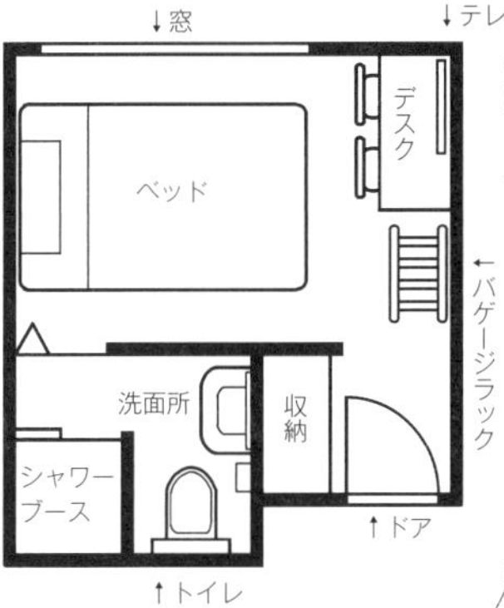

↓窓
↓テレビ
デスク
ベッド
←バゲージラック
洗面所
収納
シャワーブース
↑ドア
↑トイレ

ル・アーヴルで泊まったホテル
Hôtel Le Richelieu
シングルルーム
一泊62.1€（朝食込み）

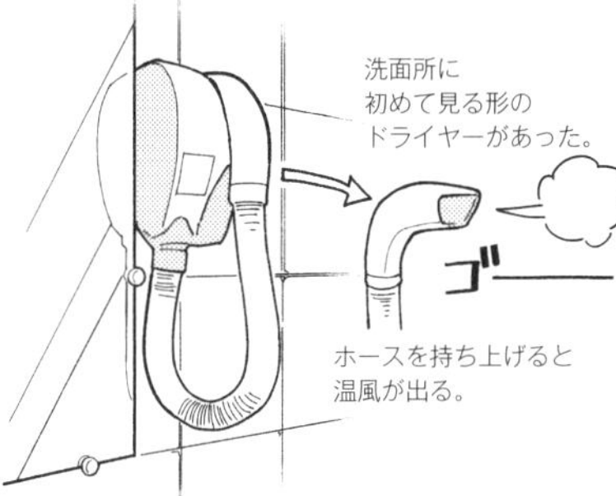

ゴー

洗面所に
初めて見る形の
ドライヤーがあった。

ホースを持ち上げると
温風が出る。

←夜間にホテルの建物に
出入りする用の電子キー。

ホテルの部屋の鍵
操舵輪のキーホルダー付きで可愛い。

ルーアンは多くの木組みの家が残る美しい古都です
ジャンヌ・ダルク終焉の街としても有名なので
彼女に関連する史跡も多く残っています
聖ジャンヌ・ダルク教会の彫像
ルーアン
パリ
時間は1時間半くらい
パリから列車一本なので行きやすい所も嬉しいです
この街の楽しみは
何と言っても街歩き！
わーー
DRUGSTORE
コロンバージュ（木骨造）という建築方法で建てられた
中世の時代に近い街並みが見れます

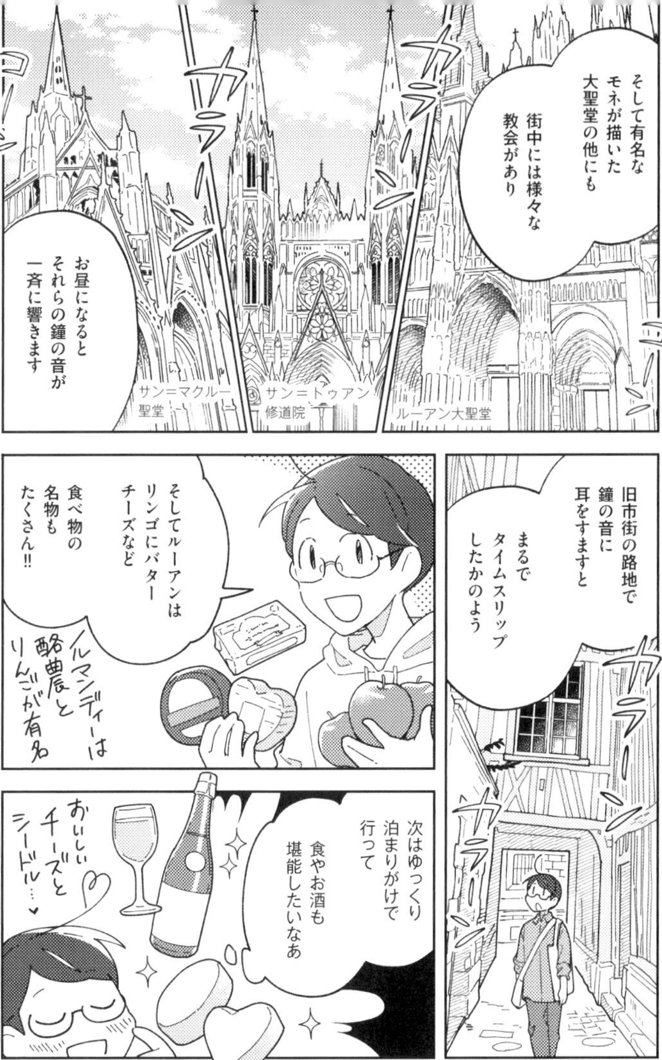
そして有名な
モネが描いた
大聖堂の他にも
街中には様々な
教会があり
お昼になると
それらの鐘の音が
一斉に響きます
サン＝マクルー聖堂
サン＝トゥアン修道院
ルーアン大聖堂
旧市街の路地で
鐘の音に
耳をすますと
まるで
タイムスリップ
したかのよう
そしてルーアンは
リンゴにバター
チーズなど
食べ物の
名物も
たくさん!!
ノルマンディーは
酪農と
りんごが有名
次はゆっくり
泊まりがけで
行って
食やお酒も
堪能したいなあ
おいしい
チーズと
シードル…♥

モネの足跡をたどる旅

4日目

ル・アーヴル
-Le Havre-

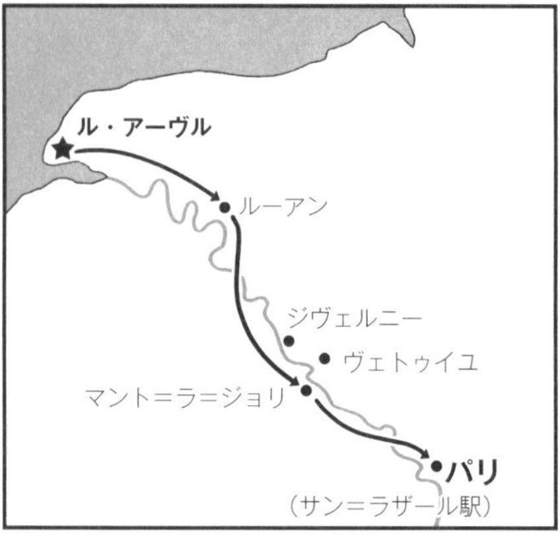

移動ルート

《出発》
ル・アーヴル
Le Havre
ル・アーヴル駅
Gare de Havre

▼特急列車で2時間弱

《目的地》
パリ　Paris
サン＝ラザール駅
Gare Saint-Lazare

ル・アーヴルからパリまでの列車代は3週間前にSNCFのアプリから予約して2等車の指定席で19.5€（※）でした。ただ指定席をとっても、その席に他の人が座っていることが多々あったので、フランスではあまり指定席の意味はないかも…

※2019年当時で2400円位

ル・アーヴルで描かれたモネの作品たち

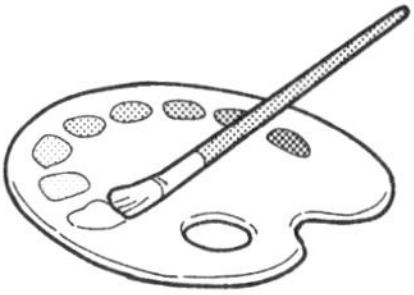

《サン＝タドレスの海岸》
1867　シカゴ美術館

《ル・アーヴルの港》1874
フィラデルフィア美術館

ル・アーヴルでのモネ

1845 ～ 1859(5 ～ 18歳頃)

モネは1840年にパリで生まれ、5歳頃に一家でノルマンディー地方の港町ル・アーヴルに移住。17歳の時に風景画家ウジェーヌ・ブーダンと出会い、彼から油絵を学びます。翌年、画家を目指し更に絵の勉強をするため18歳のモネはパリへと向かいました。
それ以降も、度々モネは故郷のル・アーヴルに足を運んではこの街の港や浜辺を描き続けました。

ノルマンディー旅
最終日　朝6時半
ピピピピピ…
ぱちっ
今日こそ晴れててー!!
日の出見たいよー
シャッ
どよ…
あー残念…
晴れてたら朝日と海を見て
海岸でスケッチしようと思ってたけど…
うーん…
ふあ〜〜
まあ夕日は昨日見れたし
朝食ゆっくり食べてから散歩でもしよう
コーヒー
チーズ
バター
ハム
クロワッサン
チョコパン
ドライフルーツ
レーズンパン
ヨーグルト
DANONE
Velouté

パンの種類が多くて嬉しい!!
チーズも美味しいな～
ぱく
ぱく
食後
よーし サン＝ジョセフ教会まで朝の散歩だ!!
サン＝ジョセフ教会はペレの最後の作品
高さは110メートルあり遠くからもよく見える街のシンボルです
近くで見るとやっぱり…
わー
大きい!!
ドーン
これ本当に教会なの!?
中に入ってみると…

わぁ…
無機質なコンクリートの中を
ひし形や四角のステンドグラスを通した色とりどりの光が照らす
その光景はまるで
万華鏡の中みたい!!

…美しい祈りの空間だ
音楽？
パイプオルガン！
他に人もいない
贅沢な時間だなあ
来てよかった
チャリーン
…小雨の中、次に向かったのはル・アーヴルに残る古い方の教会
ん？
このノートルダム大聖堂は16世紀に建てられたもの
改修中でしたが中は見学可能でした
おわー
RESTAURATION DE LA CATHEDRALE NOTRE-DAME

ステンドグラスの修復作業だ
初めて見た…
おもしろ～
戦時中に破壊された街や教会の写真展示なども
ボロボロだ…
教会のポストカードを購入
こういう外観なのか～
ここで一旦ホテルに戻り荷物をまとめてチェックアウト
荷物預かってもらえます？
もちろん！
海の方へ向かいます
アーチ形のコンテナ!!
でっか!!
あれだ！次の目的地

↑造形作家のヴァンサン・ガニヴェによる作品

マルロー美術館!!
MuMa Musée d'art moderne A
パリのオルセー美術館に次ぐ印象派絵画のコレクションを所蔵するこの美術館
ル・アーヴル生まれの画家ラウル・デュフィの企画展が開催中でした
Raoul Dufy
デュフィ好きだから嬉しいな～
チケット1枚
はい
展示室明るい！
天井を窓にして外の光を取り入れてるんだ!!

企画展はデュフィが描いた
ル・アーヴルの
海景画を中心とした展示
この絵…
すぐそこの海を
描いてるんだなあ
常設展は
2階か
壁一面に
絵が
いっぱい！
この壁に
飾られているのは
モネに風景画を教えた
師ブーダンの絵
青空、曇り
夕方…
すごい数の
空の絵!!

常設展には印象派の絵画も多数展示
モネ、マネルノワールにドガも!
2階の壁も大きな窓…外光を取り込む造りの建物なんだ
それは〝光〟を求めてアトリエから戸外へ飛び出した
ブーダン そしてモネたち印象派の絵画を展示するのにふさわしい空間でした
はー満足!!
胸いっぱい!
もう13時半か
列車は夕方だしレストラン入ってもいいけど…
雨もあがったしご飯買って砂浜で食べよう!!

スーパーで買ったご飯でも外で食べると美味しい♪
水
フランタルト
シェーブルチーズのサンドイッチ
もぐもぐ
LE CLUB
Love Veggie
CHÈVRE
140g
ザザ…
曇りなのは残念だけど
やっぱり海はいいな
腹ごなしにサン＝タドレスまで散歩しようかな
パラッ
MAP
サン＝タドレスはル・アーヴルの隣町でモネの叔母の家があった地です
サン＝タドレス
海沿いの道にモネが絵を描いた場所がある
ビーチ（現在地）
サン＝ジョセフ教会
マルロー美術館

ここでモネが『サン＝タドレスのテラス』を描いたのか
きれーーい!
サン＝タドレスの桟橋
こっちはモネが『サン＝タドレスの海辺』を描いた場所…
本当にこの海を描くのが好きだったんだな
La plage à Sainte-Adresse, temps gris
CLAUDE MONET 1867
あの小屋はなんだろう?
?
beach hut
（ビーチ小屋）
所有者が着替えたり荷物置きや休憩に使うための小屋
へ〜
おっ
沖の方青空が少しだけ見えてきた

ズッ
空に青色を足して…
ザザ…
でーきた!!
……
そろそろ列車の時間だ
ホテルで荷物を回収してル・アーヴルの駅へ
GARE DU HAVRE

えーっと
今回の席は…
指定の席
またかー!!
…まあ
いいか
近くの空席
旅は人を
図太くする
パラ…
もっとスケッチしたかったけど
観光の合間だと
なかなか
描けないなあ
パラ
パラ

でも同じ風景を実際に見て描いて改めてモネのすごさを感じたなあ
特に色使い
美術館で撮ったモネの絵拡大すると本当に色々な色が入っている
70%
ぐいっ
ヴェトゥイユの青い空と緑を映したセーヌ川
ジヴェルニーの庭園で咲く色とりどりの花

ルーアンの曇り空の下の大聖堂
ル・アーヴルの海と空
あの美しさを残すために
モネはこれだけの色を使って変わりゆく光をキャンバスに留めたんだ
…私なら?
この旅で見てきた景色 そしてあのル・アーヴルの夕日の美しさを残すなら…
ガサッ

カチッ
カリカリ
うん

夕日はドーンと見開きで…
いや表情も見せた方が…
20時 パリ サン＝ラザール駅

やったー！
一人で
無事に帰って
これたぞ〜！
ザワ ザワ
…なんか
騒がしいな？
？
？
え゛っ!!
パリのメトロが
ストで終日
ストップ…!?
バスも
タクシーも
長蛇の列!!
ずらーーっ
……
ええええ
結局1時間半
歩いて帰宅
今日の歩数
3万8千歩…
つ…
疲れた…
最終日終了

夜のパリ散歩

パリ滞在時、治安の問題から
基本20時以降は外出を避けていましたが
この日は駅から歩いて帰る人が多かったので
自分も徒歩で帰りました。

おかげで夜のパリ散歩ができたのは楽しかったです。

ルーヴル美術館前のピラミッド

ル・アーヴルは古くから栄えた港町です
港の規模はマルセイユに次ぎフランスで2番目！
時間はルーアンから1時間弱くらい
こちらもルーアンと同じくパリから電車一本で行ける街です
ル・アーヴルでおすすめしたいのは2つ！
まずは建築
本編でも描いたサン＝ジョセフ教会は一見の価値ありです
街中ではルーアンとは対照的な近代建築を満喫できます
面白い建物!!
ブラジルの建築家オスカー・ニーマイヤーが設計したル・ヴォルカンも建築好きの方におすすめ
中は文化センターと図書館

そして
もう一つの
おすすめは海！
駅から港までは
少し距離が
ありますが
トラムに乗れば
10分くらい
砂浜があるので
夏なら
海水浴も！
それ以外の季節も
海辺の散歩を
楽しめます
モネの原点である
海を眺めながらの
散歩は
印象派好きには
感慨深いものが
あります
ザザ…
そして
海といえば
やっぱり海鮮！
浜辺沿いには
シーフード
レストランが
並んでいるので
海を見ながらの
ランチも
楽しめます
ノルマンディー地方は
ムール貝が
有名なのでぜひ！
ホカ
以前
食べた
白ワイン蒸しが
最高でした
ホカ

ルーアン

ヴィユ・マルシェの中の鮮魚店。マグロが丸々一尾展示されているのに驚き。

ルーアン大聖堂。大きすぎて全体を写真に収めるのがなかなか難しい。

ヴィユ・マルシェ広場に並んで立つコロンバージュ（木骨造）の家。手前にあるのは古い教会の跡地。

ル・アーヴル

ル・アーヴルの港。ウミネコたちがずらっと並んでいてかわいかった。

周囲の建物と比べるとサン＝ジョセフ教会の大きさがわかる。

海沿いにあった特徴的な建物。ル・アーヴルの港を管理する港湾局のものだそう。

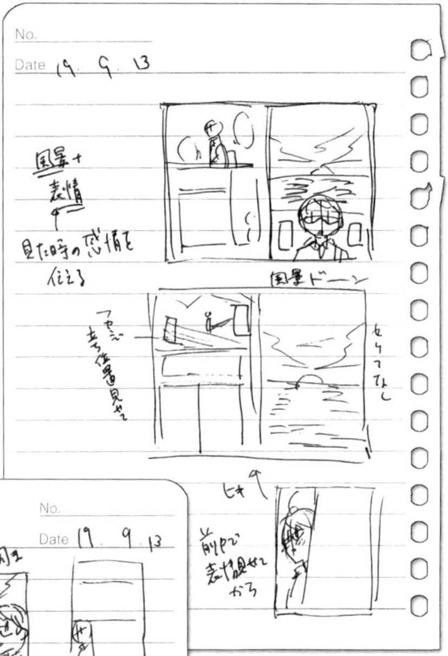

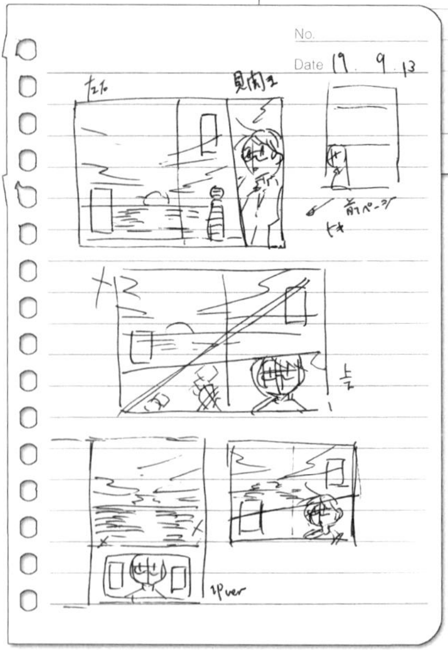

最終日の列車の中で描いてた
漫画のコマ割りラフ

エピローグ

後日　パリ　オルセー美術館
右を見ても左を見ても名作ばかり!!
やっぱりここの印象派フロア最高だな〜!
あっ
この絵は…

モネの絵の
モデルとして そして
妻として彼を支え
モネが成功する前に
若くして亡くなった
カミーユ
この《死の床のカミーユ》は
ヴェトゥイユの
モネの家で
彼女が病気で
亡くなった直後に
描かれた作品だ
辛くて
悲しい絵…
だけど
ヴェトゥイユで見た
彼女のお墓は
綺麗に手入れされていて
あの場所で
大切にされているのが
わかって嬉しかった

行かないと
わからないことが
たくさんあったな
サン＝ラザール駅の
構内
ルーアンの
大聖堂
モネの庭の
睡蓮の池
旅する前は
絵や写真の中でだけ
存在していた風景
でも今は
歩いた感覚、空気や音を
知っている

モネも石畳の通りを歩いてサン＝ラザール駅に向かったのかな
ジヴェルニーの庭園の花々は優しい風にそよぎ
曇り空の下のルーアン大聖堂は湿った空気の中鐘を鳴らしていたのかな

百年以上前に生きた画家との距離が
少しだけ近くなつた気がした

アリクイの中で
モネの作品って
どんなイメージ？
睡蓮とか
綺麗な色の
風景画かなあ
その通り！
でも
風景画の中でも
住む場所や
時代によって
題材や作風など
色々変化が
あるんだよ
へえ！

ここからは
その変化を
モネの年齢と
場所ごとに
見ていこう
見たい！
見たい！

ル・アーヴル（5～18歳頃まで）

《印象、日の出》1872 マルモッタン・モネ美術館
提供:Bridgeman Images/アフロ

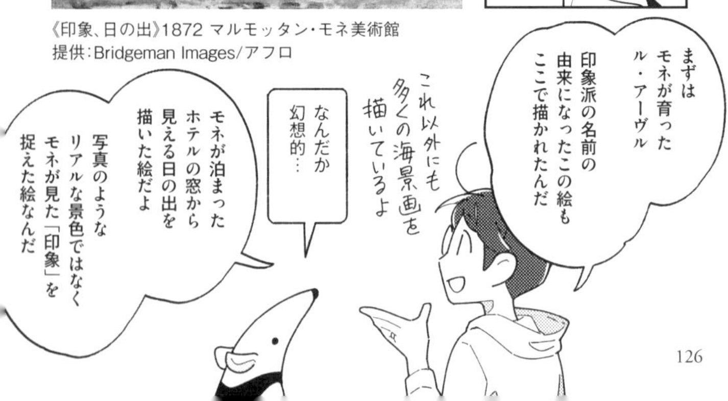
まずは
モネが育った
ル・アーヴル
印象派の名前の
由来になったこの絵も
ここで描かれたんだ
これ以外にも
多くの海景画を
描いているよ
なんだか
幻想的…
モネが泊まった
ホテルの窓から
見える日の出を
描いた絵だよ
写真のような
リアルな景色ではなく
モネが見た「印象」を
捉えた絵なんだ

アルジャントゥイユ（31 〜 37歳まで）

《散歩、日傘をさす女性》1875
ナショナル・ギャラリー・オブ・アート

ここでは
妻のカミーユや
息子のジャンを
モデルにした絵が
多く描かれたよ

《アルジャントゥイユの画家の家》1873
シカゴ美術館

この絵
知ってる！
モネの家族だったんだ!!

ヴェトゥイユ
（37 〜 40歳頃まで）

《セーヌ河岸、ヴェトゥイユ》1880
ナショナル・ギャラリー・オブ・アート

《ヴェトゥイユの画家の庭》1881
ナショナル・ギャラリー・オブ・アート

《死の床のカミーユ》もここで描かれたよ
この村で
カミーユは
病のため死去
モネの絵は
風景のみの作品が
多くなるんだ…
えっ

ルーアン（51、52歳の時に滞在）

《ルーアン大聖堂、西ファサード》1894
ナショナル・ギャラリー・オブ・アート

この街では同じ場所から時間や天候によって色が変化する大聖堂を何枚も描いたんだ
こういう一つの題材で複数の絵を描いたシリーズは「連作」と呼ばれているよ
モネは大聖堂に映る「光」を描こうとしたのかな

ジヴェルニー（42～86歳まで）

《日本の橋》1899
ワシントン・ナショナル・ギャラリー

《睡蓮》1906　シカゴ美術館

そしてモネはここで晩年まで描き続けた題材の「睡蓮」と出合うんだ

睡蓮を描いたモネの絵は約300点にも及ぶよ
300!?

駆け足だけどこんな感じだね
20代のパリ時代とばしちゃったけど
変化が色々あって面白かった!!

モネの絵を観る時にはぜひ描かれた年代や場所にも注目してみてください

ノルマンディー列車旅行　日程表

9月10日（火）	**パリ・サン=ラザール駅** ↓列車 **マント=ラ=ジョリー** ↓バス **ヴェトゥイユ** セーヌ川の川辺（昼食）→ヴェトゥイユ教会→カミーユの墓→モネの家に宿泊
9月11日（水）	**ヴェトゥイユ** ↓バス・列車 **ジヴェルニー** ジヴェルニー印象派美術館→聖ラドゴンド教会、モネの墓→モネの家と庭園 ↓バス・列車 **ルーアン** 大聖堂のプロジェクションマッピング観る→ホテル泊
9月12日（木）	**ルーアン** サン=マクルー教会→聖ジャンヌ・ダルク教会→ヴィユ・マルシェ広場→時計台→ルーアン大聖堂→ルーアン美術館→昼食→セック・デ・トゥルネル博物館 ↓列車 **ル・アーヴル** ル・アーヴル港で夕日見る→ホテル泊
9月13日（金）	**ル・アーヴル** サン=ジョセフ教会→ル・アーヴル大聖堂→アンドレ・マルロー美術館→ル・アーヴルの浜辺（昼食）→サン=タドレスの浜辺 ↓列車 **パリ・サン=ラザール駅**

今回の列車旅行ではとにかく「景色が見たい！」「スケッチしたい！」を優先したので食事はほぼ移動の合間やホテルで済ませてました

次行く時はご飯情報をもう少し調べてからのんびり回りたい…

旅のおまけ

ここまでに入れられなかった列車旅ならではの注意点やアルジャントゥイユの街紹介、お土産や旅先のスケッチなどをご紹介します。

ここからは実際の列車旅で感じた注意点などを紹介します
まず一番大事なのは時間に余裕を持って行動すること!!
よろよろ
…でも毎回ギリギリで走ってなかった?
そう!
日本の感覚でつい発車時間に間に合えばいいと思いがちだけど
フランスの列車は発車の2分前にはドアが閉まるんだ
えっ!!
もうダメ!!
まだ1分あるのに!!
だから10分前には駅にいた方が安心だね
それをよく忘れて走ってたい
あと遅延は30分遅れとかも普通なので乗り換えも余裕を持って計画した方がいいです
急いできたのに
20分遅延!?
日本と同じに考えちゃダメだね

※遅延状況はネットでも確認できます

次！お店の閉店時間に気をつける!!
ドド
あ～パリもお店の閉店時間早いもんね
コンビニもないし…
いやいや！小さい所はパリの比じゃないから
そもそも歩いて行ける距離にお店がなかったり
お店があってもお昼休憩で閉まってたり夜は19時までとかの場所もあるよ
え～!!
FERMÉ
だから小さい村に行く時は念のため軽食や飲み物を持参するのをおすすめします
ルーアンとかは全然心配ないんだけど
自動販売機とかは？
駅にはあるけど小銭が飲まれることがあるからなあ…
ええ…
あと高い…
動かない!!
なんか色々不便で大変そうだしパリ市内で観光してた方がよさそう…
確かにねー
でも…

車窓からの
景色を楽しんだり
小さな村で
すれ違って
挨拶されたり
話しかけて
くれたり
自然の中で
のんびり
スケッチしたり
地方への
列車旅は
パリとは
違う風景が
たくさん見れて
楽しかったよ
へぇ～
癒やし旅だね
それにパリは
人も車も多くて
忙しないけど
地方は落ち着いて
過ごせたのが
よかったなあ
ぎゅう
ぎゅう
のび
のび～

そういう所は日本と一緒なんだね
東京と地方みたいな感じかな…
パリより地方の方が好きって人もいるだろうね
スリに警戒しつつ街を歩かなくていいのもよかった
パリだと気が抜けなくてさ
パリ怖っ
それにフランスはパリを起点に各地方へTGVという高速列車が通っていて
スイスやイタリア ドイツ、スペインなどの周辺国にも列車で行けるんだよ
私も次は乗ってみたいな
列車で国境を越える旅…素敵だね
初めはやっぱり不安だけど
一度乗れば乗り方もわかるし
行動範囲がどんどん広がって楽しいから
興味がある人はぜひフランス列車旅に挑戦してほしいです

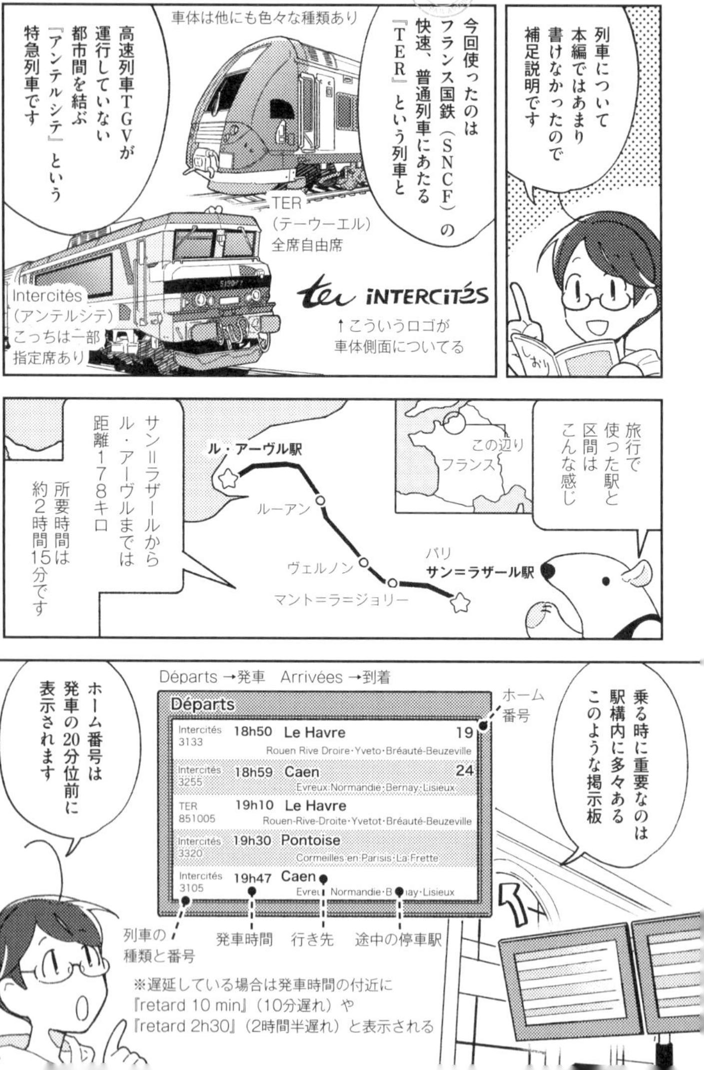
列車について本編ではあまり書けなかったので補足説明です
今回使ったのはフランス国鉄（SNCF）の快速、普通列車にあたる『TER』という列車と
高速列車TGVが運行していない都市間を結ぶ『アンテルシテ』という特急列車です
車体は他にも色々な種類あり
TER（テーウーエル）全席自由席
Intercités（アンテルシテ）こっちは一部指定席あり
ter INTERCITÉS
↑こういうロゴが車体側面についてる
しおり
旅行で使った駅と区間はこんな感じ
この辺り
フランス
ル・アーヴル駅
ルーアン
ヴェルノン
マント=ラ=ジョリー
パリ
サン=ラザール駅
サン=ラザールからル・アーヴルまでは距離178キロ
所要時間は約2時間15分です
Départs →発車　Arrivées →到着
乗る時に重要なのは駅構内に多々あるこのような掲示板
ホーム番号は発車の20分位前に表示されます
Départs
Intercités 3133 18h50 Le Havre 19
Rouen Rive Droire·Yveto·Bréauté-Beuzeville
Intercités 3255 18h59 Caen 24
Evreux·Normandie·Bernay·Lisieux
TER 851005 19h10 Le Havre
Rouen-Rive-Droite·Yvetot·Bréauté-Beuzeville
Intercités 3320 19h30 Pontoise
Cormeilles en Parisis·La Frette
Intercités 3105 19h47 Caen
Evreu Normandie·B ay·Lisieux
ホーム番号
列車の種類と番号
発車時間
行き先
途中の停車駅
※遅延している場合は発車時間の付近に『retard 10 min』（10分遅れ）や『retard 2h30』（2時間半遅れ）と表示される

あとはこの順で乗ればOK
※2019年の情報なので変更している可能性もあります
①掲示板で発車ホームを確認
15！
②列車に乗る
15
③車窓からの景色を眺める
④検札が来たらチケットを見せる
ピッ
⑤目的地の駅で降りる
⑥改札はないのでそのまま外へ
GOAL！
LA GARE
紙の切符の場合は列車に乗る前に自分で切符に打刻する必要があります
検札の時に打刻忘れが見つかると最悪罰金なので要注意
compostage de billets
打刻機
Composteur
de billets
アプリ購入の切符は打刻も不要QRコードを見せるだけなのでお手軽らしいです
ROUEN → PARIS
らしい？
？
検札に一回も会わなかったから機会がなくて…
一回位使いたかった…

２日目、ヴェルノン駅でルーアンへ移動する
列車待ち中に印象派の特別列車が
見れて嬉しかった。

乗りたかったけど
別の列車の切符を取っていたので
今回は見送りました…。

Le Train de L'impressionnisme

あっ!
モネの《印象、日の出》が
プリントされた車体。
前方の車両には
カミーユ・ピサロの絵画も。
SNCF
ドアにはモネの肖像画。

旅先スケッチのススメ
ドン!
旅先スケッチ楽しいからみんなもやろうよ!!という漫画です
1コマ目で全部言うスタイルなのね
そうは言っても…
絵心も画材もない人には無理じゃない?
メモとペンさえあれば誰でもできるよ!
慣れてない人はいきなり風景を描こうとせず
大変だからね
建物の窓や柵 花や葉っぱ、とか気になったものの一部分だけを描いてみよう
大事なのは手を動かす前に描く対象をよ～く見ること
すると気づかなかった細部や構造が色々見えてきます
じーーっ
それを使い慣れたペンや鉛筆でスケッチしてみましょう
ジヴェルニーで見た白いダリアの花
描けない部分は文章で補足で
花びらは外側にくるっと巻いている
パリの建物7階の窓
Side
屋根の斜めの部分についている窓が可愛い

スケッチを残すことで
家でも旅の
思い出に浸ったり
これ描いた時
天気がよくて
暑かったな～
花のいい香りも
印象的だった
自覚がなかった
好きなもの
気になるものを
発見したり
改めて見ると
窓の絵多い！
特に屋根裏
部屋の窓
SKECH BOOK
そこから
次の旅のヒントを
得ることも
もっと色んな
窓が見たい！
ヨーロッパの
建築巡りとか
楽しそうだな
あと庭園に行って
色々な花を
スケッチしたいな
スケッチに使う
代表的な画材は
こんな感じだね
初心者なら
まずは慣れている
筆記用具を使うのを
お勧めします
シャープペンとか
ボールペンとか
鉛筆
ボールペン
色鉛筆
パステル
Pastel
固形水彩絵の具
メモ帳・ノート
スケッチブック
他にも
色々
あるよ
でも思い切って
憧れの画材に
挑戦するのも
楽しいですよ

ちなみに自分の一番ラフなスケッチはこんな感じ
No.
Date 19. 9. 11
ジヴェルニーのモネの庭で見た花
花びらくるん
こういう花の集合体
つぼみ
ルーアンの古い家 となりの家によっかかっている感じの建物あってびっくり
ギャー
L'OCCITANE
花
不思議な形のつぼみと花
つぼみ
ルーアンの街でよく見た外灯デザイン
メモ帳にボールペンでざくざく描き
本当にラフだね
うまく描けなくても気にしない！
YACHO
小さいスケッチに慣れてきたら風景を描いたり
色をつけたりすると描く面白さがより広がります
自分は水彩絵の具で着色してます
旅先で「いいな」と思ったものをスマホで撮る感覚で
立ち止まって眺めて一度スケッチしてみてください
新しい旅の楽しみが見つかるかもしれません

にしうらさん初心者って言ってたけどフランス語できるんだね！
できないよ
きっぱり
えっ
漫画ではテンポが悪くなるので省略してるだけ
実際は何回か聞き直したり
英語とフランス語ちゃんぽんの片言でなんとか伝えたりって感じ
？
あわあわ
？
※英語も中学生レベル
最初は心がバッキバキに折れたわ…
仏検5級ではなんとかならなかった…
よく一人で行ったね
人見知りなのに…
でも買い物や美術鑑賞するだけなら必要なテンプレ会話を覚えておけばそこまで不自由はないかな
スーパーならあいさつだけでいいし
これください
Je prends ça.
いくらですか？
C'est combien ?
チケットを1枚ください
Un ticket s'il vous plait.
フランス語は発音が難しいから細かいことを尋ねる時はメモ帳に書いたり
あとはスマホで自動翻訳アプリ使ってたよ
すみません…
Bonjour, excusez-moi…
経験から言うと喋れるようになる必要はないけど
挨拶、基本会話を覚える旅先会話帳または自動翻訳アプリを用意しておくとか
個人旅行なら最低限の予習・準備はしておいた方がいいと思います
へえ
ツアーならガイドさんいるからいいけどね

Q.

覚えていてよかった
フランス語とかある？

A.

Bonne《ボンヌ》 journée《ジュルネ》!
（よい1日を！）

会話のあとで別れる時や
お店を出る時にAu《オ》 revoir《ルヴォワール》!（さよなら）と
一緒にこれを言うと
みんな笑顔で「あなたもね」と
返してくれて嬉しかったなあ

※Bonne journée!は午前中～夕方頃までの挨拶、
夕方以降はBonne soirée！（良い夜を！）となります。
お昼～14時頃まででBon(ne) après-midi!(素敵な午後を！)
と言う場合もアリ。

モネの足跡をたどる旅

番外編

アルジャントゥイユ
-Argenteuil-

次のページからは、ノルマンディー列車旅の翌週に
パリ近郊のモネが住んでいた街アルジャントゥイユへ
日帰りで散歩をしに行った時の話になります。

改修工事を終えて一般公開された
アルジャントゥイユのモネの家に2023年6月に
行ってきました。
内部はモネとその家族、友人たちの活動や
街の歴史を映像やパネルで解説した部屋が中心。
作品の展示はありませんが
モネが住んでいた街や家の空気を感じたい、
という方におすすめの場所です。

モネの描いた絵を元に
再現されたサンルーム
クローゼットを開けると
ここで描かれたモネの絵を
解説したパネルが見れる。

アルジャントゥイユ散歩

Argenteuil
トッ
着いた!
アルジャントゥイユはパリから北西に10キロほど離れたセーヌ川沿いの街
アルジャントゥイユ駅
Transilien J線
(トランシリアン)
サン=ラザール駅
セーヌ川
パリ市
1871~78年の間モネが家族と共に暮らし《ひなげし》などの代表作を描いた地でもあります
サン=ラザール駅から電車で15分か
けっこう近いな
えーと…
駅前は普通~の街であまり観光地って感じじゃないけど…
駅のすぐ近くにモネが住んでいた家が残っているんだよね
Hotel de Police
Gare
あれかな

ここだ!
ピンクの外壁でかわいい家!!
ここはモネ一家が1874年から4年にわたり住んだ家
《アルジャントゥイユのモネの家》で描かれてる家と一緒だ
中は一般公開されていないのが残念だけど…
外観だけでも撮ろう…
ヒョイ
パシャ
花壇も手入れされてるみたいだしジヴェルニーみたいにそのうち博物館にならないかな~
次はアルジャントゥイユ橋の方へ向かおう

モネが有名な《ひなげし》を描いた場所がこの辺りに…
キョロキョロ
ハッ
まさかここ!?
パネルがあるから間違いない
工場が建ってすっかり景色が変わってる
しゅん…
でもそうか… 観光地でもない所で百年以上前の景色が残ってる場所ってそうないもんなあ
川辺はどうかな
トントン
あっ
この眺めは
モネの《アルジャントゥイユのセーヌ川》の景色だ!!

橋は新しくなってるけど…
モネや印象派が描いた風景はまだ生きてる
変わる一方で残るものもあるんだ
がぶっ
ベルジュ公園
ジヴェルニーやパリでは当然みたいに残っているから忘れていたけど
昔のままの景色を残すのって大変だもんな
維持費とか…メンテとか
残し続けている人たちに感謝だな
ちなみにモネの家は2022年に改修を終えて今は一般公開しています
やった〜!!
嬉しい!!
また行こう!!

アルジャントゥイユ色々

公園で見かけたベンチ。
日本の公園では
あまり見たことない配置で
面白いな～と思った。

Cirque de ROME
ベルジュ公園に来ていた
サーカスのテントにいたラクダ。

月曜日はお休みで
中に入れなかった
のが残念。

サン＝ドニ大聖堂
Basilique Saint-Denys d'Argenteuil

19世紀に建てられた大聖堂。
キリストの聖遺物のチュニックを
所有していることで有名。

モネの友人シスレーが
アルジャントゥイユを訪れた時に
この鐘楼が見える大通りを描いています。

お土産

Le jardin de Claude Monet à Giverny

（ジヴェルニー印象派美術館）
ファブリス・モアローによるモネの庭の水彩画を集めた絵本。
絵に一目惚れして購入。18.5€

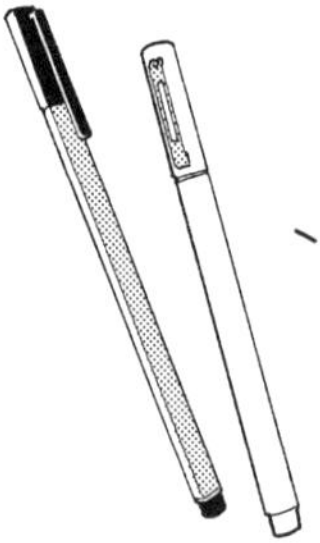

Winsor&Newton

ファインライナーペン
STEADTLER トリプラス ファインライナー
（ルーアンの画材店Rougier&Pie）
スケッチ、旅日記用のペンが
途中でインク切れしたので購入。2€位

教会の絵葉書、リーフレット

それぞれの教会の歴史や由来が
書かれているリーフレット。
献金後に1部もらって
読むのが楽しい。
たまに絵葉書なども
あったりします。

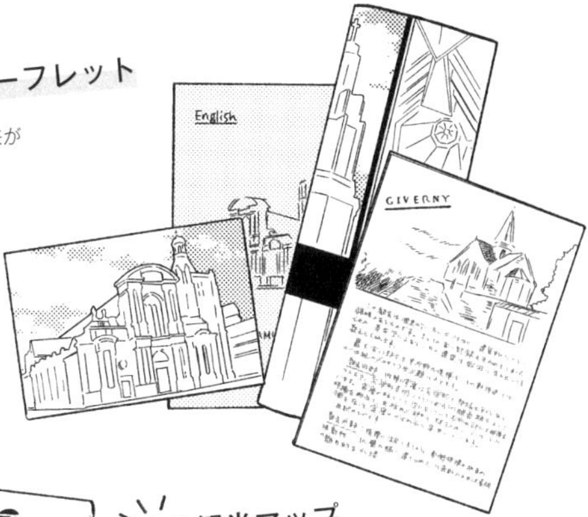
English
GIVERNY

Rouen
ROUEN
芸術と歴史の街
市内ガイド地図
enjoy
CARTE TOURISTIQUE
& PLAN DE VILLE
Le Havre
LE HAVRE ETRETAT
2019

街の観光マップ

（街の観光案内所）
街歩きの前にもらうと便利だし
旅の思い出にもなります。
有名な観光地なら日本語の地図が
あるところも。

帰宅してからクリアファイルにまとめる

荷物が重くなるのが嫌で列車旅行中はほぼモノは購入せず…
観光案内所でもらった地図やパンフなどがいいお土産になりました

最後まで読んでいただきありがとうございます
ノルマンディー列車旅行記いかがでしたでしょうか？
ヴェトゥイユ ジヴェルニー ルーアン ル・アーヴル… どの場所も様々な魅力があり思い出深い旅になりました
大好きな絵画に描かれた景色が自分の目の前に広がっている…
それは想像以上に胸を打つものがありました
特に忘れられないのがル・アーヴルの海と夕日
慣れないながらも自分なりに頑張って列車旅を計画して
たどり着いたその景色は自分だけの一生の宝物になりました

国内、海外に限らず
いつか見てみたいと思っている場所があるなら今すぐ行動することをおすすめします
今はネットで検索、予約も簡単ですし
言葉などの不安があればツアーなどを利用するのも手です
その土地の匂いや音、空気や光
景色や人々ご飯や歴史
知らなかった様々なものに触れて
たくさんのことを感じたり考えたり
その経験はきっとあなただけの宝物になります
この本が少しでもそのきっかけになれば嬉しいです
よい旅を!!
Bon Voyage!!

Watercolor sketches

2019.09.10
ヴェトゥイユのセーヌ河岸▶

◀2019.09.11　ジヴェルニーの積みわら

▼2019.09.10　ヴェトゥイユの
ノートルダム教会

Watercolor sketches

2019.09.13　サン＝タドレスの浜辺 波打ち際▼

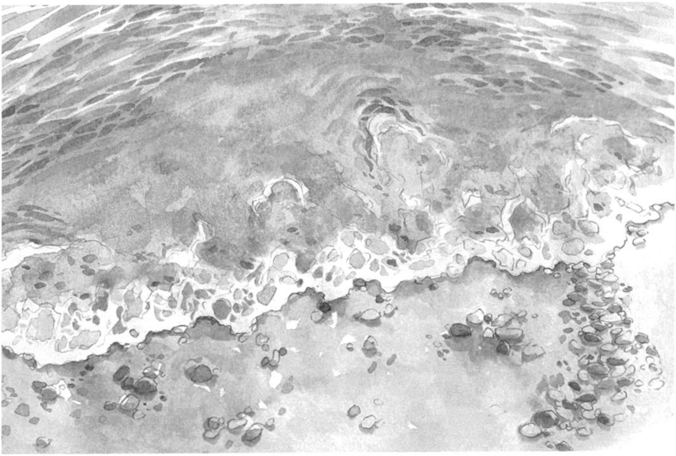

2019.09.11
ジヴェルニーのモネの庭▶

◀2019.09.13　ル・アーヴルの浜辺

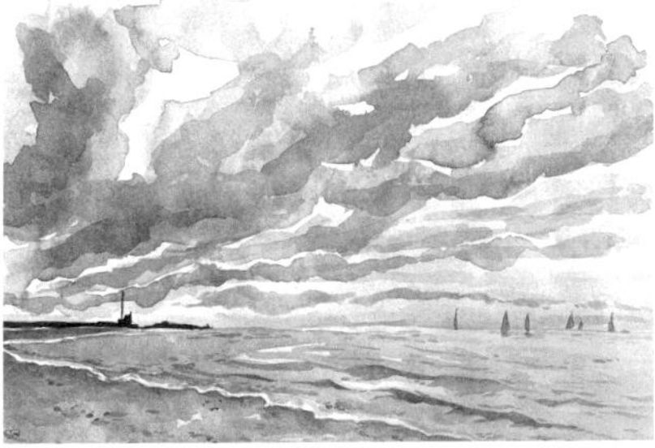

ル・アーヴルの海
La mer au Havre

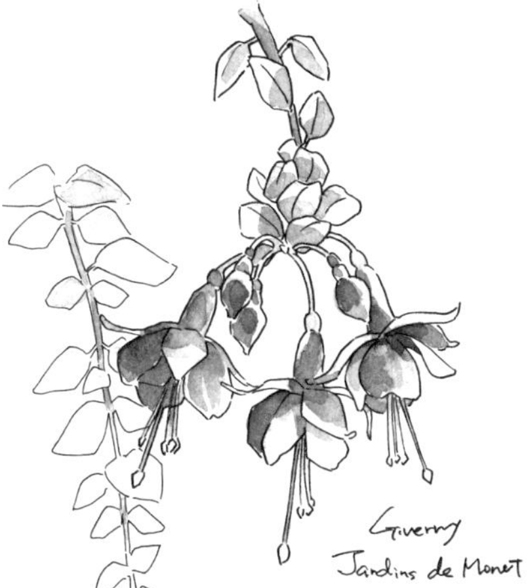
Giverny
Jardins de Monet

睡蓮の庭園は人が多くてその場でスケッチできなかったので、
庭の片隅で気に入った形の花をちょこちょこ走り書きしていました。

▲ルーアン美術館のチケット(表)
美術館所蔵のモネの絵《サン＝ドニ街、1878年6月30日の祝日》がプリントされている。

▲ルーアン美術館のチケット(裏)

▲ル・アーヴルのマルロー美術館のチケット

出典

本書は同人誌・Kindle版が刊行されている『フランスふらふら一人旅 モネの足跡をたどる列車旅・前編』と『フランスふらふら一人旅 モネの足跡をたどる列車旅・後編』に描き下ろしを加え、再編集したものです。

参考資料

【書籍】

『モネが創った庭』エリザベス・マレー著、清水道子訳　日本経済新聞出版

『モネの風景紀行－ノルマンディー・ベリール・パリ・セーヌ河のほとり』佐々木三雄・佐々木綾子著、山口高志写真　求龍堂

『セーヌの印象派』島田紀夫著　小学館

『フランス 印象派の旅 JTBキャンブックス』田中穣著　JTB

『岩波 世界の美術 モネ』カーラ・ラックマン著、高階絵里加訳　岩波書店

『モネの庭 花々が語るジヴェルニーの四季』ヴィヴィアン・ラッセル文／写真、六人部昭典監訳、大久保恭子訳　西村書店

『Art＋Paris Impressionists & Post-Impressionists:The Ultimate Guide to Artists,Paintings and Places in Paris and Normandy』Museyon

『パリ オルセ美術館と印象派の旅（とんぼの本）』丹尾安典、南川三治郎、佐々木三雄、佐々木綾子、熊瀬川紀著　新潮社

『印象派の庭と花』デレック・フェル著、清水道子訳　日本経済新聞出版

『パリ発フランス鉄道旅行』「ヨーロッパ鉄道旅行」編集部編　イカロス出版

『図説 モネ「睡蓮」の世界』安井裕雄著　創元社

【展覧会図録】

『パリ、マルモッタン美術館展：モネとモリゾ』展図録、東京都美術館他

『セーヌの流れに沿って：印象派と日本人画家たちの旅』展図録、石橋財団ブリヂストン美術館、ひろしま美術館

『マルモッタン・モネ美術館所蔵 モネ展』図録、東京都美術館他

【その他】

現地でもらったマップ、パンフレット（観光案内所やホテルのロビーでもらえます）

※本書に掲載している情報および円換算レートは全て旅行当時（2019年9月）のものです。お出かけの際は最新の情報を改めてお調べいただきますようお願いいたします。

にしうら 染　にしうら そめ

漫画家。女子美術大学芸術学科で西洋美術史を専攻し卒業。ゲーム会社でグラフィックデザイナーとして働く傍ら、漫画家として活動を始める。2014年に独立。フランスを舞台にした漫画、旅エッセイなどを多数執筆。
著書に『フランスふらふら一人旅』（だいわ文庫）、『モネのキッチン　印象派のレシピ』（秋田書店）などがある。
ホームページ　http://sen.hiho.jp/sensyoku/

読んで旅する
よんたび

フランスふらふら一人《ひとり》旅《たび》

モネの足跡《あしあと》をたどる旅《たび》

著者　にしうら 染《そめ》

2024年1月15日　第1刷発行
2024年3月20日　第2刷発行

発行者　佐藤 靖
発行所　大和《だいわ》書房
東京都文京区関口1-33-4
電話 03-3203-4511
フォーマットデザイン　吉村 亮（Yoshi-des.）
本文DTP　朝日メディアインターナショナル
本文写真　にしうら 染
校正　円水社
本文印刷　シナノ印刷
カバー印刷　山一印刷
製本　小泉製本

ISBN978-4-479-32080-7
乱丁本・落丁本はお取り替えいたします
https://www.daiwashobo.co.jp